TUNDRA

Kanadas Northwest-Territories
einst, jetzt und zum Nacherleben

Bisher erschienen:

- Rocky Mountains
- Yukon
- Grand Canyon
- Indian Summer
- Geronimos Erbe

Tundra

Kanadas Northwest Territories einst, jetzt und zum Nacherleben

erlebt und erzählt von Elmar Engel und Roland Kiemle

Busse Seewald Herford

CIP-Titelaufnahme der Deutschen Bibliothek

Engel, Elmar: Tundra: Kanadas Northwest-Territories
einst, jetzt und zum Nacherleben/
erlebt und erzählt von Elmar Engel und Roland Kiemle. –
1. Aufl. – Herford: Busse Seewald, 1989
ISBN 3-512-00896-8
NE: Kiemle, Roland:

Titelfoto: Elmar Engel

Foto hintere Umschlagseite: Brigitte Bartsch

Fotos: Paul von Baich (S. 8/9, 39)
Environment Canada, Parks (S. 14, 26, 30/31, 51, 59)
Eugen Gebhardt (S. 5)
Fritz Küppers (S. 10, 70)
Travel Arctic (S. 55,)
Tourism Canada (S. 53, 70)
Alle übrigen Aufnahmen: Archiv Brigitte und Elmar Engel

Grafische Gestaltung: Mike Niedieck, Köln

Fotosatz: Richarz Publikations Service, St. Augustin bei Bonn – Herr Liersch

Lithographie: Heinrich Miess, Köln

Druck: Busse Druck, Herford

1. Auflage 1989

Jegliche Ähnlichkeit mit lebenden Personen ist rein zufällig.

ISBN 3-512-00896-8

Printed in West Germany

„Ein Ziel haben, schaffen,
träumen, die Vorstellungskraft
üben, denken, entdecken,
erfinden, in Geheimnisse
eindringen, die Türen zum
Unbekannten öffnen –
das ist die Reise,
das ist das Abenteuer."

Man stelle sich einmal vor –
ein Gebiet von der achtfachen Größe
der Bundesrepublik, das von weniger
Menschen bewohnt ist, als zu einem
gutbesuchten Fußballspiel im Stuttgarter
Neckarstadion pilgern. Das sind die
kanadischen Northwest-Territories.

"It's kind of a wild place, barren ... eine Art wilder Gegend, bar von allem." So versuchte mir einer das Phänomen der kanadischen Tundra zu erklären. Er sprach von dem riesigen, anderthalb Millionen Quadratkilometer großen Dreieck zwischen Hudson Bay, Mackenzie-Mündung und der Küste des nördlichen Polarmeeres.
Das englische Wort „barren" kann man auch mit karg, arm, wüst, dürr, leer, steril, unfruchtbar, unergiebig übersetzen.
So sehen es die meisten: keine zu verwaltenden Menschen für die Bürokraten, keine Stimmen für die Politiker, zu kalt, zu wenig Boden für den Farmer, nichts Spektakuläres für den Tourismusmanager, keine Bäume zur Holzverarbeitung, kaum Bodenschätze für die Industrie. Die ganze, große, auf nichts als Ausbeutung bedachte Bande schüttelt den Kopf angesichts der kanadischen Tundra. Und das ist gut so.

Für mich dagegen besitzt diese Landschaft die Faszination des Absoluten. Es ist dieselbe Faszination, wie sie von Wüsten, von den höchsten Gebirgen, den letzten zusammenhängenden Regenwäldern, vom Inlandeis Grönlands oder der Antarktis ausgeht.
Die Komponenten der kanadischen Tundra bestehen aus unendlich viel Gletscherschutt, aus Moränen über Kanadas Urgesteinssockel, aus Sand, Kies, aus dem Meer der Hügel, aus Geröll, Gräsern, Moosen und Flechten; aus hunderttausenden von Seen, aus Strömen und Flüssen, die brausend über Granitschwellen stürzen.

Jede Reise
ist ein in die
Realität
umgesetzter
Traum.

Am ehesten gewinnt man einen Überblick über diesen gigantischen Flickenteppich von Land und Wasser, wenn man im Buschflugzeug drüberhinfliegt.
Stunde um Stunde gleitet der Blick über ein leeres Land, das aussieht wie eine bewegungslose, in Ehrfurcht erstarrte Ozeandünung. Kein Baum, kein Strauch, keine Siedlung, kein Mensch – wie es scheint, auch kein Tier. Es scheint, als stünde Tundra für leblos, für tot.
Dieser Eindruck täuscht. Das erfährt der Reisende im gleichen Augenblick, in dem der Pilot an einem halbwegs windstillen Tag auf einer der unzähligen Wasserflächen aufsetzt. Sobald man aussteigt und sich an Land begibt, zerplatzt der Eindruck der Leblosigkeit schneller als die bekannte Seifenblase. Millionen-, milliardenfaches Leben stürzt sich auf das warmblütige Geschenk aus dem Süden.

Moskitos, kleine Schwarze Fliegen, winzige Sandfliegen, grünäugige Caribou-Fliegen und dicke Bremsen scheinen auf nichts, auf niemand anderes gewartet zu haben als auf ihn oder sie. Die schreckliche Impertinenz, die Obszönität der Insektenplage macht die Barrens kaum menschenfreundlicher. Erst recht nicht geeignet sind dazu die Kältegrade von minus fünfzig, minus sechzig Grad Celsius im Winter, die alles zu Stein und Bein erstarren lassen. Ebensowenig wie die mit elementarer Urgewalt hindernisfrei über das flache Land tobenden, brüllenden Blizzards. Kaum ins Gewicht fallen dann noch die anderen „Nettigkeiten“, die die Barrens für den Winterreisenden bereithalten: die gefürchteten „white outs“, wo

hinten, vorne, rechts, links, oben, unten alles nur noch weiß wie im Innern eines überdimensionalen Pingpongballes flimmert – oder wenn die unabänderliche Dunkelheit der Polarnacht auch tagsüber Mensch und Tier in ihren schwarzen Schleier schlägt. Aber jetzt ist Sommer. Trotzdem: Was in des Dreiteufelsnamen tue ich hier oben??? fragt sich der sonst unerschrockene Besucher, die strapazengewöhnte Besucherin und setzt – wie ich – gleich drei Fragezeichen.

Die Antwort fällt leicht.

Es ist die Faszination der uneingeschränkten Weite, der grenzenlosen Ellbogenfreiheit – es ist das Erlebnis des Absoluten. Letztendlich ist die biblische Insektenplage keineswegs an jedem Tag gleich schlimm. Die Chemie hat neben manchen üblen und gefährlichen Garstigkeiten auch ein paar positive Dinge auf den Markt gebracht: Materialien für Kleidung, die selbst harsche Klimazonen erträglich durchstehen läßt und vor allem Insektenschutzmittel, die im Großen und Ganzen vor den Stichen schützen. Und weiß nicht jeder Buschklepper des Nordens, wann und wo er sein Zelt aufschlagen muß, um der widerlichsten Impertinenz, dem schlimmsten Gesumme und Gebrumme zu entgehen?!

Und im Winter? Da sind die Barrens ein Experimentierfeld für eine bestimmte Spezies noch härtergesottener Männer und Frauen; Typen, die sich auch an den Südpol, an das grönländische Inlandeis, an die Sieben- und Achttausender Asiens, an die schlimmsten Herausforderungen überhaupt heranwagen. An Aufgaben, wo bei mir der Spaß nun wirklich aufhört.

Tundra, ja – aber nur im Sommer. Allein ist der Reisende auf der Suche nach der Ursprünglichkeit keineswegs. Neben dem Milliardenheer der Insekten findet er auf den zweiten Blick eine erstaunlich vielfältige Tierwelt mit Füchsen, Wölfen, Vielfraßen, Mardern, Bären, Caribous, Moschusochsen. Da wimmelt es zu gewissen Zeiten und in bestimmten Gewässern von Forellen, Saiblingen, Hechten, Barben, Äschen und Weißfischen. Da erheben sich vor dem Kanufahrer mitunter ganze Wolken von Gänsen, Enten, Watvögeln, Schneehühnern und Tauchern. Seit den letzten Tagen der Eiszeit hat dieses Tierdorado aber auch den gefährlichsten und blutrünstigsten aller Räuber angelockt: den Menschen.

Vom Norden her sind die Eskimos immer wieder in die Tundra eingedrungen, von Süden her waren es die Indianer – Chipewyan, Dogribs, Copper und Cree. Nach allen vier Himmelsrichtungen haben sie die Barren Grounds auf der Suche nach Jagdbeute durchquert, aber geblieben sind sie allenfalls in ihren Randbezirken am lebenspendenden Meer oder innerhalb der schützenden Baumzone der Taiga.
Es ging diesen Steinzeitjägern in erster Linie um das Caribou, das nordamerikanische Wild-Ren, das in riesigen Herden – vergleichbar nur noch mit den nach Abermillionen zählenden Büffelheeren der Prärien – die Barrens bevölkerte und sie in kleineren Gruppen auch heute noch durchwandert. Caribous bedeuteten für die Roten und die Braunen Kleidung, Werkzeuge und Waffen, Wohnung, Wärme, volle Bäuche – Gesundheit, Reichtum, Glück.

Tundra und Arktis scheinen bar jeden Lebens; erst auf den zweiten Blick offenbaren sich die Tiere der Wildnis.

Blieben die Heerzüge dieser ruhelosen, unsteten Tier-Nomaden aus, dann drohten Armut, Hunger, Kälte, Not und Tod in den Fellzelten der Indianer und Eskimos. Es war das Caribou, das die Existenz der Eskimosippen und Indianerclans absicherte. In geringerem Maße waren es die Moschusochsen, deren Fleisch aber bei weitem nicht so geschätzt war.
Die Barren Grounds sind heute praktisch menschenleer.
Ein paar Flugsicherungsstationen, eine Handvoll Kanuten, die die Flüsse hinunterdriften – sonst ist niemand da. Die Indianersiedlungen liegen am südlichen und am westlichen Rand, die Eskimodörfer an der nördlichen Küste – mit einer Ausnahme: Baker Lake, im Siedlungsgebiet der einstigen Inland- oder Caribou-Eskimos. Nur da, wo die Nachfolger der Prospektoren – die Geo- und Seismologen, die Bohrfachleute – ihre Camps aufgeschlagen haben, ist Hektik, Lärm. Da dröhnen die Wasserflugzeuge, knattern die Hubschrauber.
Unser Ziel war Umiaktaliq, ein kleines Eskimodorf an der Mündung des Kugnuak River. Meine Aufgabe, die ich dort zu erfüllen hatte, war journalistischer Natur: einen Bericht anzufertigen über die aktuellen Lebensumstände der schlitzäugigen Ureinwohner in den subarktischen Regionen Kanadas. Mein Partner Timothy Tristan Drygoose dagegen hatte vor ein paar Jahren in Edmonton/Alberta ein Eskimo-Mädchen aus jenem Dorf kennen und so sehr schätzen gelernt, daß er sich mir ganz spontan anschloß.
„Nanurak, die Bärenpelzige, so heißt sie", sagte Tim. „Wir nannten sie Nanny. Damals in Edmonton war sie ganz wild auf Crème de Menthe".

Timothy Tristan Drygoose – mein Begleiter und Beistand in manchem Abenteuer

Es kann auch so gewesen sein, daß ich irgendeine andere Siedlung am nördlichen Eismeer besuchen sollte, und daß Tim mich dazu brachte, Umiaktaliq anzusteuern.
Ich wollte und konnte mir für diesen Job Zeit lassen. Deshalb hatten wir uns darauf verständigt, eine Kanutour durch die Tundra vorzuschalten. Schließlich drangen die Eskimos bei ihren Jagdausflügen tief in diese Region ein; sie war ein Teil ihres traditionellen Lebensraumes.

Jetzt saßen wir zwischen dem sich türmenden Gepäck eines antiquierten Buschflugzeuges und wunderten uns, ob und wie der Pilot in dem grün-, braun- und silberngemusterten Flickenteppich aus Tundra und Wasser „unseren" See finden würde.

Der Flug sollte zwei Stunden dauern. Ich hatte es längst aufgegeben, unseren Kurs auf der Karte zu verfolgen. Statt dessen fiel mir jene Episode ein, die mich auf Tim aufmerksam gemacht hatte und der Anstoß zu einer langjährigen, guten Freundschaft gewesen war.
Auch damals hatte ein Buschflugzeug die herausragende Rolle gespielt.
Es war auf dem Weg von Yellowknife nach Port Radium am Great Bear Lake. Tim hatte dort oben in der Mine gearbeitet. Alle paar Wochen, wenn den Männern die Bude auf den Kopf zu fallen drohte, hatten sie eine neunsitzige Otter gechartert und waren für ein Wochenende in die „Große Welt" von Yellowknife ausgebrochen.

Auf dem langen Rückflug passierte es dann. Tim mußte dringend seine Blase entleeren. Eine Otter hat – wie sollte sie auch —— keine Toilette. Die anderen benutzten dazu leere Flaschen, die sie vorsorglich mitgenommen hatten – im Notfall auch schon mal einen Gummistiefel. Aber Tim trug noch seine „city shoes". Für die Sache mit der Flasche war er zu sensibel. Irgendwann wird seine Pein unerträglich. Er bittet, er fleht den Piloten an, irgendwo runterzugehen – aber der tippt sich nur vielsagend an die Stirn. Tims Blase fordert heftig ihr Recht, der Druck nimmt ihm den Atem. Tim geht nach vorne. Er legt dem Piloten die Pranken um den Hals.
„Hi buddy..."

Endlich erkennt der Flugzeugführer, wie kritisch die Situation ist, landet auf irgendeinem der unzähligen Seen. Tuckert mit zornrotem Gesicht in Ufernähe. Tim steigt steifbeinig auf den Schwimmer hinab. Die Erlösung – endlich – Tim seufzt auf. Schon Henry Miller bezeichnete diesen Augenblick „als fast so schön wie einen Orgasmus".

Statt die Freude seines Passagiers zu teilen, flippt der Pilot total aus. Er tritt Tim so mächtig in den Hintern, daß der mit einem gewaltigen Bauchplatscher weit ins Wasser fliegt.
„Yeah, buddy", ruft der Pilot grimmig, „wenn du wieder nüchtern bist, dann hol ich dich wieder hier ab, du Sauhund!" – Was er wirklich tut, wenn auch erst zwei Tage danach. Seitdem hat Tim ein gespanntes Verhältnis zur Buschfliegerei im allgemeinen und zu ihren Piloten im besonderen.

Ein kleines Zelt an der Baumgrenze – die Wohnung der Wildnisreisenden

Der Sturm biegt die Erlenbüsche wie die Halme eines Weizenfeldes. Er singt in den Zeltschnüren, hat den See mit einem groben Reibeisen geriffelt, hat ihn mit hellgrauen Schaumstreifen garniert, hat kurze, steile, weißflockige Wellenkämme aufgebürstet. Er hat die Pest des Nordens – die Mücken – auf die offene Wasserfläche hinausgetrieben.
Das ist kein Reisewetter für ein offenes Kanu. Wir sind „windbound".
Wir hocken im Schutz des Erlendickichts am sandigen Ufer, haben genügend dürre Ästchen, abgestorbene Zweige, haben sogar einen passablen, angetriebenen Stamm gefunden – genug Brennholz, um das Teewasser sprudeln zu lassen. Hier hocken wir in aller komfortablen Beschaulichkeit und warten auf das Ablaufen des Windes.
Nur Tim scheint mit der Entwicklung der Dinge nicht ganz einverstanden. Er geht mit gerunzelter Stirn herum, offensichtlich tief in trübe Gedanken versunken. Soll er. Jeder hat seine schlechten Viertelstunden im Leben; jeder hat das Recht, bei solchen Gelegenheiten seinen Gemütszustand offenzulegen. Die Tristesse wird – wie ich Tim kenne – nicht sehr lange dauern.
Ich nehme ohnehin an, daß Old Charlie bald auftauchen und uns einen Besuch abstatten wird. Charlie hat sein Zelt eine halbe Meile weiter weg aufgeschlagen. Man hat hier oben mehr als genügend Platz für seine Privatsphäre. Es gehört zur ungeschriebenen Wildnisetikette, diesen Raum zu nutzen. Ungehobelte Aufdringlichkeit ist im Norden ebenso verpönt wie lärmende Kraftmeierei. Wirkliche Sourdoughs oder

Oldtimer sind zurückhaltende und ausgesprochen sensible Charaktere, sind auf ihre Art echte Gentlemen. Wenn einer die Verkörperung dieser leider im Aussterben begriffenen Spezies darstellt, dann ist es Old Charlie.
Respekt vor der Privatsphäre bedeutet aber nicht Isolation ... Deshalb wird Old Charlie mit einem kleinen Mitbringsel bald bei uns auftauchen. Das Mitbringsel wird eher eine Geste als ein Geschenk, aber auch ein Teil der Wildnisetikette sein. Er wird unsere Stimmung prüfen und dann unsere Einladung zu einer Tasse Tee und zu einem Gespräch annehmen. Denn nichts liebt Charlie mehr, als über die Menschen, die Phänomene und Mysterien des Nordens zu reden. Kein anderer kennt soviele Geschichten wie er, und kein anderer weiß sie so amüsant und amüsiert weiterzugeben. Old Charlie ist seit über einem Jahrzehnt auf den Flüssen, Seenketten und Strömen von Tundra und Taiga unterwegs. Sobald das Eis aufbricht, erscheint er an irgendeinem Oberlauf, bringt sein buntbemaltes Kanu zu

Wasser, um es erst kurz vor dem Zufrieren spät im Herbst wieder aufs Land zu ziehen. Trotz der scheinbar unendlichen Ausdehnung des Nordens hatten sich unsere Wege immer wieder gekreuzt.
Eine Stunde später.
„Es gibt das exakte Gegenstück zu Jack Hornby. Es ist Samuel Hearne", erklärt Charlie zwischen zwei Schlucken aus dem dampfenden Teebecher.
„Noch so ein verrückter Hund?" grantelt Tim mißgelaunt.
„Nein, eher das Gegenstück."
„Erzähl mir doch nicht, daß ein normal veranlagter und mit den üblichen Geistesgaben ausgerüsteter Mensch sich freiwillig den Schrecken dieser verdammten Barren Grounds aussetzt."
„Ich sehe im Augenblick drei solche Verrückte ..."
„Ich weiß nicht, welcher verdammte Teufel mich geritten hat, als ich..."
„Cherchez la femme", werfe ich ein.
„Hör auf mit diesem fürchterlichen Französisch!" protestiert Tim. „Da kannst du genauso gut auf Eskimo mit mir korrig ...korrespon...kopie..." Er macht eine hilflose Handbewegung. „Reden, meine ich."

„Verachte nicht die Sprache der Diplomaten und Verliebten. Verachte nicht die guten Gewohnheiten und Gebräuche der Stadt Paris. Ich war mal acht Tage lang dort – nach dem Ersten Weltkrieg muß das gewesen sein. Ich wette, daß ich in der Zeit nicht öfter als zwei-, dreimal in meine Hosen gekommen bin."

Charlie Wolf –
einmal mehr mit
seinem Kanu
unterwegs

Über Charlies Gesichtszüge huscht ein halb wehmütiger, halb glücklicher Schemen der Erinnerung.
„Ihr verdammten Oldtimer. Mein Vater war auch da", sagt Tim und schüttelt seine Mähne. „Er erzählt dieselben Stories. Angeblich ist er sogar in Paris verwundet worden – 1919 sei das gewesen. Das Victoria Cross hat er als Souvenir mitgebracht."
„Das muß eine von jenen wundervollen Verwundungen gewesen sein, die du dir mit dem allergrößten Vergnügen holst. Davon bleiben keine Narben zurück... Daß einem dafür allerdings das Victoria Cross verliehen wird, ist ziemlich einmalig. Der Krieg ist nämlich schon", Charlie kichert in sich hinein, „1918 zu Ende gegangen."
Tim wendet sich an mich: „Wäre es nicht vernünftiger gewesen, Paris anzulaufen, statt in diesem unseligen Never Never zu verrotten...?" Über meines Partners Züge streift sowas wie die Morgenröte neuen Lebensmutes.
Charlie nimmt mir die Antwort ab.
„Vernünftiger oder unvernünftiger ... Wenn ich auf die verflossenen Tage meines Daseins zurückblicke, junger Mann, dann war eher die Unvernunft das Salz in der Suppe. Unvernünftig sein kannst du hier in den Barren Grounds genauso gut wie in New York, Paris, oder in Calgary. Ich jedenfalls finde es ganz großartig und romantisch, auf diese ungewöhnliche Art und Weise ein hübsches Eskimomädchen zu besuchen. Weißt du das überhaupt zu schätzen, wie wenige Männer überhaupt je ein Eskimomädchen gesehen haben und wieviel weniger von einem eingeladen und mit offenen Armen erwartet werden?"

Samuel Hearne, der Entdecker der kanadischen Tundra

„Das ist es ja gerade. Ich weiß nicht so recht. Nach all den Jahren ... Vielleicht erkennt sie mich gar nicht wieder."
„Der Fliegende Holländer, der alle sieben Jahre auftaucht..." sage ich nachdenklich.
„Dann kann ich euch ja auch gleich die Geschichte des Tristan erzählen, die Story, wie ich zu meinem Namen gekommen bin", meint Tim.
„Lieber nicht", wehre ich ab, „laß uns lieber über Samuel Hearne sprechen. Kein anderer Vertreter der weißen Rasse hat die Barren Grounds so unmittelbar am eigenen Leibe erfahren und erlitten."
„In Ordnung", Charlie räuspert sich nach einem weiteren Schluck aus dem Becher, „wenn Jack Hornby der verrückteste von allen Sourdoughs war – dann war es Samuel Hearne, der das Wesen dieser Landschaft und ihrer Bewohner erkannt, sich ihr und ihnen ausgeliefert, sie wie kein anderer beschrieben hat. Wenn einer meine ganze, ungeteilte Sympathie besitzt, dann ist es Samuel Hearne."

Samuel Hearne und die Tundra, die Barren Grounds. Nur eine andere Geschichte aus der stets überquellenden Erzählkiste von Old Charlie? Nein, in Samuel Hearnes Geschick steckt viel mehr. Mit ihm muß sich jeder auseinandersetzen, der die Herausforderung des Absoluten annehmen will. Wenn jemand einer ursprünglichen, längst vergessenen Lebensform, einer in ihrer Großartigkeit und ungezügelten Bestialität einmaligen Landschaft ein Denkmal gesetzt hat, dann war es dieser Brite. Nicht mal zwanzig Jahre ist er alt, als er 1766 seinen Dienst

Es existiert keine Original-Darstellung von Mattonnabbee. Diese Zeichnung von Alexander Murray kommt wahrscheinlich der Realität recht nahe.

in Fort Prince of Wales am Westufer der kalten, stürmischen Hudson Bay antritt. Zuvor hatte der junge Mann acht Jahre lang in den Diensten der Royal Navy gestanden. Auf Seiner Majestät Fregatten und Linienschiffen dem Vaterland zu dienen, war im achtzehnten Jahrhundert alles andere als Zuckerlecken. Selbst wenn die Kanonen nicht Tod und Verderben speiend donnerten, selbst wenn die wütenden Stürme des Nordatlantik einmal nicht mit den schwerfälligen Seglern ihr tötliches Katz- und Maus-Spiel trieben, war es ein Dasein in drangvoller Enge, in Nässe, Kälte, Dreck und Ungeziefer. Ein Leben mit den sieben Plagen Ägyptens als Dauereinrichtung. Ein Leben bei fauligem Wasser und madenwimmelndem Hartbrot – „Maden, die schärfer als Mostrich auf der Zunge brannten", schreibt Hearne.

Ein Leben in eiserner Disziplin, aber auch die denkbar härteste, daher beste Schule für die große Prüfung, die Tundra oder Barren Grounds heißen sollte.

Die ersten drei Jahre fahrt Hearne weiter zur See. Er fährt auf der Sloop „Churchill", die im Walfang und im Eingeborenenhandel eingesetzt ist. Nebel, Sturm, Schnee und Eis sind hier kaum weniger grimmige Gegner als zuvor die spanischen Galleonen, die französischen Linienschiffe oder die wendigen Schebecken der Piraten der Barbareskenküste.

Für Hearne ist es sicherlich keine Epoche des Rastens und erst recht nicht des Rostens. Irgendwann erkennen die Faktoren und Gouverneure der allmächtigen Handelsgesellschaft HBC, daß man den jungen Seelord mit größeren, wichtigeren Aufgaben betrauen kann. Sie geben Hearne den Auftrag,

erstens die Nordwest-Passage über Land auszukundschaften, was trotz aller Bemühungen und Opfer bislang über See nicht gelungen war; zweitens die sagenhaften Kupferminen zu finden, aus denen die Indianer immer wieder Proben des roten Metalles mitbrachten, deren genaue Herkunft sie aber nicht beschreiben konnten.
Der Mann, der Hearne begleiten und unterstützen soll, heißt Mattonnabbee. Dieser Häuptling sei eine kompetente Persönlichkeit, heißt es – ein reinblütiger Indianer, ein furchtloser Krieger und treffsicherer Jäger, Herr über ein halbes Dutzend guter und starker Weiber, über zwei Händevoll guter, schneller Hunde und vieler anderer Reichtümer mehr.
Es gibt nur ein kleines Problem: Mattonnabbee ist zur Zeit nicht greifbar, er haust mit den Seinen irgendwo in der unendlichen Weite der Tundra, in den Barren Grounds. Wann er wiederkehren wird und ob er sich Samuel Hearne und der neuen Aufgabe widmen wird, steht nicht mal in den Sternen. Solange kann und will Hearne nicht warten. Also engagiert er „Captain" Chawchinahaw.
Am 6. November 1769 donnern die wenigen Kanonen des Forts ihren Salut. Hearne, Chawchinahaw passieren samt einem beachtlichen Troß von Weibern, Kindern und Hunden die Tore des Forts. Die Expedition verläßt den letzten Vorposten der Zivilisation und taucht ein in die größte der weißen Flächen auf der Amerika-Karte. Hearne setzt seinen Fuß auf einen Grund, den kein Weißer vor ihm betreten hat.
Sie kommen nur schlecht vorwärts. Trotz der schon vorgeschrittenen Jahreszeit macht ihnen das milde Wetter, der

Eingeborene auf der endlosen, immerwährenden Verfolgung der Caribous

nasse Schnee, der an Schlittenkufen und Schneereifen klebt, schwer zu schaffen. Zudem erweisen sich die Rothäute als unzuverlässig. Hearne merkt sehr rasch, daß der „Captain" Chawchinahaw keine Ahnung hat, wohin er sich wenden soll, daß es ihm um nichts anderes als um seinen Sold geht ... daß ein Indianer überhaupt nach dem Takt eines ganz anderen Trommlers marschiert als ein Weißer.
Nach einem Monat des mehr oder weniger ziellosen Umherirrens kehrt Hearne in das Fort zurück. Nicht nur das Schweigen der Kanonen deutet auf Fehlschlag des Unternehmens.

Aber Hearne hat seine Lektion gelernt. Der wichtigste Punkt ist, daß Mutter Natur und sonst niemand den Reiseplan und -ablauf diktiert, daß diese eben erst dem Steinzeitalter entwachsenen Menschen keinesfalls um des Reisens willen reisen. Jedes und alles ist auf das Leben, das Überleben ausgerichtet. Man bleibt, solange es einem gutgeht; man zieht weiter, wenn die Resourcen erschöpft sind.
Das wiederum bedeutet, daß sich das gesamte Denken, alle Wünsche, jegliches Geschehen um die Jagd dreht, daß der beste und erfolgreichste Jäger das größte Ansehen genießt, daß seine Anordnungen zählen und nicht die dieses Weißen, den die Indianer ohnehin als unumgänglichen Ballast ansehen. Besonders bitter für Hearne ist, daß Hilfsbereitschaft, Freundlichkeit, Rücksichtnahme, Disziplin als fremde, lästige Begriffe gelten. Es sind Begriffe der Bleichgesichter, die im Fort Geltung haben, aber nicht in der Domäne der Roten, in der offenen, freien Wildnis.

Nur noch wenige Indianer benutzen Kanu oder Hundeschlitten, die Fahrzeuge ihrer Ahnen

Von dem sagenhaften Mattonnabbee ist immer noch nicht die Spur auszumachen. Da Hearne keiner von denen ist, die schnell aufgeben, sucht er sich eine neue Crew zusammen. Diesmal besteht sie – der Gouverneur Moses Norton hat es so angeordnet – nur aus einem halben Dutzend Männer. Weiber, Kinder, der gesamte, scheinbar lästige Troß bleibt zurück. Hearne meldet Bedenken an, die Indianer stehen mit finsteren Gesichtern herum. Was für ein Blödsinn, ohne die Weiber auf einen solch langen Trip zu gehen! Müssen doch jetzt die großen Jäger und tapferen Krieger ihre Lasten, die sie sonst den Frauen aufbürden, selber schleppen! Wer soll ihre Kleidung flicken, wer soll kochen, wer die Zelte aus Caribou-Fellen aufstellen, wer die Schneereifen flechten und wer – zum Teufel – soll die Männer nachts zwischen den Fellen wärmen?
Nur weil Moses Norton Druck ausübt, weil er mit Streichung der Rationen von Tabak und Whisky droht, gehen die Männer überhaupt mit. Sie gehen mit hängenden Köpfen und sichtbarem Widerwillen. Diesmal sind die Reisebedingungen besser. Trotzdem kommt die Expedition nur langsam vom Fleck. Auch diese Indianer wissen nicht, wo sie die Nordwest-Passage oder die Kupferminen suchen sollen. Sie halten sich zu weit südlich, sie folgen der Baumgrenze – hier können sie wenigstens Feuer machen. Wenn schon keine Weiber, dann soll's wenigstens warm sein!
Plötzlich und ganz schlagartig bessert sich die Laune der alleinreisenden, roten Singles. Sie treffen auf eine größere Gruppe Dogrib-Indianer vom Great Slave Lake. Sofort setzt heftiges Palaver, Schachern, Handeln und Feilschen ein:

Pulver, Blei, Tabak, Tee, Messer, Beile wechseln den Besitzer, wechseln von den Chipewyan in die Hände der Dogribs, die ihrerseits ein großes Festessen veranstalten. Dann trennen sich die Haufen.
Hearnes Begleiter ziehen frohen Herzens und leichten Fußes weiter. Sie haben gegen ihre Gaben ein halbes Dutzend Frauen eingetauscht – Frauen, denen sie endlich ihre Habseligkeiten aufbürden, die sie vor ihre Schlitten spannen, die sie auch mal prügeln können, wenn sie schlechte Laune haben.
Die Welt der roten Jäger hat ihre alte Ordnung wiedererlangt.

In den Barren Grounds genau wie anderswo: Die eine oder die andere Frau hat ihr Schicksal verbessert, die eine oder die andere ist vom Regen in die Traufe gekommen. Der eine oder andere der Männer mag sich ein liebsanftes Waldmägdelein, der eine oder andere eine grimmige Matrone mit Schnurrbart und Warze eingehandelt haben.
Unstet und scheinbar ziellos wandern sie auf der nie endenden Suche nach den Caribous durch die unendliche Weite der Tundra.
Sie schleppen ein kleines Birkenrindenkanu mit. In einem Land, dessen Oberfläche im Sommer zu einem guten Drittel aus Wasser besteht, ist ein solches Fahrzeug unerläßlich. Es ist ein sehr kleines Boot. Es ist so klein, daß sich der einzige Passagier flach wie eine Briefmarke auf dem Bootsboden ausstrecken muß. Trotzdem darf der Skipper – will er seine Balance nicht verlieren – nicht mal seinen Priem von einer Backe in die andere schieben.

Die Freude über die eben erst gewonnene Amazonenmannschaft verebbt rasch angesichts der alltäglichen Mühsal des Reisens in den sommerlichen Barren Grounds. Wo noch vor wenigen Wochen die Blizzards wie mondsüchtige Moschusochsen um die Wette heulten, verwandeln jetzt die herabstürzenden Regenfluten das Land in Schlamm und Morast. Mit dem Blutdurst beutegieriger Nil-Krokodile fallen die Moskitos und die Schwarzen Fliegen über die Truppe her. Das Wild, die Beute bleibt aus; die Zeiten, als sie ihre Zähne in saftig-blutige, überm Reisigfeuer geröstete Steaks schlagen konnten, als ihnen fettiger Rentiertalg und sämiges Knochenmark in die Kinnbärte rannen, scheinen weiter entfernt als die sieben goldenen Städte von Cibola.
„Der Hunger wäre erträglicher, wenn man sein Ende absehen könnte", schreibt Hearne in sein Tagebuch. Das Fleisch der drei Moschusochsen, die sie endlich erlegen, stinkt schlimmer als die Socken einer von ägyptischen Grabräubern vergessenen Mumie. Der Hunger würgt es roh rein; es besteht keine Möglichkeit, auch nur ein Flämmchen zu entzünden.

Auch für Hearne tritt die Suche nach der Nordwestpassage, nach den sagenhaften Kupferminen mehr und mehr in den Hintergrund. Er konzentriert sich darauf, ein paar trockene Fäden am Leib zu haben, ein paar Bissen Fleisch, Fell oder Pflanze zu ergattern, sich der obszönen Impertinenz der Insekten zu wehren. Aber er hält innerlich Distanz zu den Roten, versucht niemals, selbst zum Indianer zu werden. Er müht sich, seine Mitreisenden zu einer bescheidenen Vorrats-

Ein Urbewohner der Tundra – ein Eskimo oder Inuk vor seinem Fellzelt

wirtschaft anzuhalten und sie von dem sinnlosen Abschlachten überzähliger Caribous abzuhalten. Seine Bemühungen sind so vergeblich, wie einem Fuchs das Maßhalten zu predigen, nachdem er in einen Hühnerstall eingebrochen ist. In ihrer eigenen Domäne, in der Tundra, fühlen sich die Indianer dem nur im Fort reichen und mächtigen Weißen überlegen. Sie geben sich ebenso arrogant wie ein Steinzeitmensch in seiner Epoche einem Bankmanager unserer Tage gegenübergetreten wäre... Oder umgekehrt. Aber Hearne, dem nach den Seelängst auch Laufbeine gewachsen sind, hält mit.
In seinen Aufzeichnungen faßt er die Ernährungslage so zusammen: „Mitunter ist viel zuviel Fleisch da, viel mehr, als wir vertilgen können. Ganz selten haben wir in etwa das, was wir wirklich brauchen. Häufiger reicht es nicht, uns auch nur halbwegs sattwerden zu lassen, und viel zu oft haben wir nichts weiter als eine Handvoll Beeren, eine Pfeife Tabak, einen Fetzen halbverrottetes Fell, ein paar durchgewetzte Moccasins, auf denen wir mißmutig herumkauen."
Feast or famine ... Völlerei oder Hungersnot. Es ist die uralte Devise der Tundra, der Barren Grounds. Es ist das Gesetz der nordischen Wildnis überhaupt. Das ist das brutale, barbarische Geschick, dem ein anderer, ein Hornby, zweihundert Jahre später ... Aber ich will dieser Geschichte nicht vorgreifen. Halb anerkennend, halb resignierend bringt Samuel Hearne es auf den Punkt: „Es fällt leichter, die Art der Indianer zu bewundern als ihr Dasein mit ihnen zu teilen."
Ist es Zufall, Instinkt, eine den Weißen verschlossene, telepathische Kraft, ist es ein uralter, geheimer Treffpunkt? Jedenfalls

Hearne hatte im eisigen Winter, mit schlechter Ausrüstung und unzuverlässigen Begleitern, einen schweren Stand.

begegnen sie wie selbstverständlich dem Winnetou der Barren Grounds, dem Häuptling Mattonnabbee und den Seinen. Sofort ändert sich Hearnes Lage zum Positiven. Der große Chief zeigt Verständnis und Zuwendung für den Weißen. Er sorgt dafür, daß für ihn ordentliche Schneeschuhe geflochten werden, daß ein kleiner Schlitten gefertigt und entsprechende Kleidung genäht wird. Jetzt kann Samuel Hearne seine geringen Habseligkeiten mit geringerer Mühe hinterherschleppen.

Mattonnabbee sorgt vor allem dafür, daß seine Rassegenossen den Respekt erwidern, den ihr weißer Schutzbefohlener ihnen trotz aller Mühsal entgegenbringt. Hearne ist unendlich erleichtert – endlich hat er einen verständnisvollen Partner und Vertrauten.
Mattonnabbee ist aber keine idealisierte, literarische Kunstfigur wie Winnetou, er ist ein Wesen aus Fleisch und Blut. Er ist ein Mensch seiner Epoche. Er ist Indianer und dazu einer, der aus seiner roten Haut nicht herauskann – und nicht herauswill.
Das zeigt sich, als sie eine einzelne Schneeschuhspur verfolgen und dabei einen winzigen Fell- und Reisig-Unterschlupf mitten in der Unendlichkeit des weißen Nichts entdecken. Die Hütte ist bewohnt von einer jungen Frau. Hearne bemerkt „ein Weib von angenehmem Wesen und feinen Gesichtszügen". Dieser weibliche Robinson hat es verstanden, monatelang mit nichts weiter als einem Stück Eisen als Messer, mit einer Pfeilspitze als Ahle, mit Fingerfertigkeit und Verstand zu überleben.
Während der Weiße die Geschichte ihrer Gefangennahme, Verschleppung, Flucht und der vergeblichen Versuche, zu ihrem

Volk zurückzukehren, hört; während er ernsthaft überlegt, ob diese Tundraschöne nicht seine ihm vom Himmel geschickte Partnerin werden könnte, balgen sich die Indianer bereits um das hübsche Findelkind. Sie ringen miteinander. Die junge Frau ist die Siegesprämie. Sie wird dem Stärksten, dem brutalsten der Männer gehören.
Auch Mattonnabbee beteiligt sich an den Ringkämpfen. Er steigt erst aus dem Wettbewerb aus, als eine seiner Frauen ihm spöttisch vorwirft, er schaffe es ja nichtmal halbwegs, seine sechs Frauen zu beschlafen ... und was er da mit einer siebten machen wolle und solle?! Außer sich vor Wut schlägt der Häuptling mit Füßen und Händen auf das vorlaute Weib ein, bis es wimmernd liegenbleibt und bald darauf stirbt.

Irgendein roher Kerl geht endlich als unumstrittener Sieger aus den Ringkämpfen hervor und schleppt das Fundstück in sein Zelt. So wie der Steinzeitmensch das der anderen Sippe geraubte Weib an den Haaren packt und in seine Höhle zerrt. Hüten wir uns, den Stab zu brechen. Was trennt den aufgeklärten Mann von dem Wilden, fragt Herman Melville. Ist die Zivilisation ein eigenständiger Zustand oder ist sie nur eine fortgeschrittene Art der Barbarei?
Neben der Aufzählung der Leiden und Freuden, die meist die eines leeren oder vollen Bauches waren, ringt sich Hearne zu einer überaus bemerkenswerten Feststellung durch: „In der Weite der Wildnis leben immer noch Indianer, die weder Felle für die Hudson's Bay Company erbeuten noch Waren von der Company kaufen. Indianer, die also im Sinne der Company

wertlos sind. Diese Menschen in ihrer Selbstgenügsamkeit sind die glücklichsten, die ich je angetroffen habe."
Trotz aller Umwege und trotz allen scheinbar sinnlosen Umherirrens ist Hearne nüchtern genug, seine Ziele nicht aus den Augen zu verlieren. Für ihn stehen immer noch das Auffinden der Kupferminen und der Durchbruch zum Eismeer, die Lokalisierung der Nordwest-Passage im Vordergrund. Merkwürdigerweise sind seine roten Freunde auf einmal Feuer und Flamme. Es scheint, als könnten sie gar nicht schnell genug in die unwirtliche Öde am Nordrand des Kontinents vordringen. Hearne hat keine Erklärung für die aufgeregte Hast, mit der sie nach Norden drängen.
Der Grund wird bald offensichtlich. Es lockt die Aussicht auf Mord und Totschlag, auf Raub und Plünderung, auf Vergewaltigung und hemmungslosen Vandalismus. Es ist eine bestialische Vorfreude. Am Unterlauf des Coppermine, so haben die Indianer erfahren, campiert eine größere Gruppe ihrer Todfeinde. Dort sind ein paar Eskimosippen dabei, in den Fluß aufsteigende Lachsforellen zu speeren und als Wintervorrat zu trocknen. Nachdem der Troß auf hundert blut- und beutegierige Männer angewachsen ist, fühlen sich die Roten stark und dieser Aufgabe gewachsen. Obwohl Mattonnabbee keineswegs die Begeisterung seiner Stammesgenossen teilt, obwohl Hearne mit allen Mitteln versucht, sie von der geplanten Bluttat abzuhalten, könnten die beiden eher einen angreifenden Barren Ground-Grizzly mit bloßen Händen stoppen als ihre Leute von ihrem blutigen Vorhaben abbringen.
Die Indianer schnitzen sich Schilde, schärfen ihre Pfeilspitzen,

hüten im Gegensatz zu ihren Gewohnheiten Pulver und Blei wie ihre Augäpfel. Aus dem wild durcheinanderquirlenden, ungeordneten Haufen wird im Handumdrehen eine disziplinierte, entschlossene Truppe, und dann läßt sich auch Mattonnabbee von der fiebrigen Erwartung mitreißen.
Sie bemalen ihre Gesichter, hängen sich Amulette um und fallen im Morgengrauen über das schlafende Lager, über die nichtsahnenden Eskimos her. Die armen Teufel in den Zelten aus Robbenfell haben nicht den Hauch einer Chance. Wie eine Meute entfesselter Bluthunde stürzen sich die Indianer auf friedlich schlafende Menschen. Die Roten hauen, stechen, schießen, knüppeln, würgen und schlagen. Gegen ihre sonstige Gewohnheit verschonen sie nicht einmal die in ihren Augen brauchbaren Weiber und Kinder. In ihrer Raserei zerfetzen sie die Zelte, zerschlagen die primitiven Werkzeuge, schlitzen die Kajaks auf, verbrennen alles, was zu entzünden ist. Hearne muß alles mit ansehen. Er kann nicht eingreifen, wendet sich in hilfloser, entsetzter Empörung ab.

Danach fühlen sich die Indianer als große Krieger, als geborene Sieger, als unbezwingbare Helden. Großmäulig prahlen sie auf dem Rückweg mit ihren Barbareien, machen aus dem heimtückischen Überfall einen kühn erkämpften Triumph.
Über all dem Geschehen ist der eigentliche Auftrag von Samuel Hearne in den Hintergrund geraten. Aber der Entdecker hat genug gesehen. Er hat die Küste erreicht, hat sie vom Eis blockiert, hat das Meer für Segler unpassierbar vorgefunden. Auch die sagenhaften Kupferminen, die er auf seinem Rückweg

Die Zelte sind selten geworden im „Land der kleinen Stöcke", wie die Indianer die Tundra nennen.

inspizieren konnte, erweisen sich als erschöpft. Ihr Reichtum ist Fabel.
Trotzdem ist die jahrelange Wanderschaft dieses Mannes von unschätzbarem Wert. Seine Aufzeichnungen gewähren uns einen detaillierten Einblick in ein bis dahin verschlossenes Land, in die Lebensumstände von Menschen einer versunkenen Epoche, in den Zustand einer der ursprünglichsten, wildesten Regionen unseres Erdballes. Samuel Hearne war einer, der in den Eingeborenen trotz allem Mitmenschen sah, auch wenn sie sich mitunter als barbarische Partner in einem kaum weniger barbarischen Land erwiesen.

Und heute? Wie sieht das heute aus? Auch heute noch unternehmen die am Großen Sklaven- und Bären-See lebenden Indianer ihre Streifzüge in die Tundra, in die Barren Grounds. Doch es sind Ausflüge von kurzer Dauer. Sie benutzen Motorschlitten oder Charterflugzeuge. Sie schießen nicht mehr mit Pfeil und Bogen oder mit ungenauen Vorderladern, sondern mit weittragenden, zielfernrohrbestückten Präzisionswaffen. Bei guten Wetterbedingungen können sie am Tag zweihundert und mehr Meilen zurücklegen.
Aber sie müssen immer noch lernen, mit den Resourcen ökonomisch umzugehen. Nicht nur zu jagen, sondern auch zu hegen. Vielleicht sogar wie die Samen (die Lappen) in Nordeuropa, den Schritt vom Jäger und Sammler zum Hirten und Züchter zu wagen. Doch läßt ihnen die heutige Schnellebigkeit, die Rasanz einer Entwicklung, die meistens auf Destruktion hinausläuft, die erforderliche Zeit dazu?

Fels, Wasser und ein einsamer Kanufahrer

Sind nicht schon längst die meisten traditionellen Werte verschüttet worden? Reden wir nicht schon lange – wenn auch mit schlechtem Gewissen – von einem Indianerproblem?
„Indianerproblem? Es gibt kein Indianerproblem", sagt Old Charlie. „Es gibt ein Menschheitsproblem. Vielleicht nicht einmal das. Es gibt das Problem der weißen Rasse. Wir haben mit unserem Fortschrittsdenken erst einmal alles durcheinandergebracht, haben allen anderen unseren vermeintlich richtigen Weg zur Seligkeit aufgezwungen. Jetzt reißen wir verwundert die Mäuler auf, wenn der Rest der Menschheit uns nachahmt, wenn er erstmal unsere schlechteren Seiten übernimmt. So bleiben denn die Indianer trotz aller finanziellen und sonstigen Zuwendungen nichts weiter als unterprivilegierte Amerikaner."
„Und die Eskimos?" fragt Tim dazwischen.
„Ach, die Eskimos – die haben's besser", erklärt Charlie. „Sie haben's besser, weil sie weiter weg wohnen, weil sie sich ohnehin weniger draus machen, weil sie – wie mir scheint – anpassungsfähiger sind als ihre roten Cousins und weil sie mit uns noch nicht soviele und so schlechte Erfahrungen wie sie gemacht haben." Charlie hebt resigniert die Schultern.
„Nutzen wir unsere Privilegien! Schaut euch nur um", Charlies Arm beschreibt einen weiten Kreis, „was für ein Vorrecht, auf hundert oder zweihundert Meilen die einzigen Menschen zu sein. Ich werd's noch genießen können, Zeit meines Lebens wird's noch langen. Aber ich bin siebzig."
Charlie erschlägt mit der flachen Hand einen Moskito; er deutet auf den See vor uns. „Das Gras der fernen Weiden scheint mir grüner. Auf geht's, hussa, hussa, pour le pays sauvage!"

Mit dem traditionellen Aufbruchsruf der Voyageurs steht Charlie auf und geht mit ein wenig steifen Beinen davon. Wir sehen ihm nach. Es dauert nicht lange, und er scheint uns so klein wie ein Däumling. Ein paar Minuten später hat ihn die Unendlichkeit der Tundra so vollständig vereinnahmt, als hätte es ihn nie gegeben.

Wer im Norden reist wie wir, der badet normalerweise nicht täglich. Manche tun's nicht einmal wöchentlich. Es gibt eine Reihe von Gründen für diese Verhaltensweise. Der wichtigste ist die Insektenplage, ein zweiter ist die Kälte des Wassers, der Luft, und der dritte, daß sich nicht jeder gleich unbehaglich fühlt. Wie dem auch immer sei, Tim behauptete, wir röchen wie die wilden Tiere der Wüste, auf die seit sieben Jahren kein Regen mehr gefallen wäre. In ein paar Stunden würden wir Umiaktaliq, das Ziel unserer Reise erreicht haben.

„Ich hätte öfters schreiben müssen", sagt Tim, „öfters als dieses eine Mal ... und dann hätte ich die Antwort abwarten sollen." „Gar kein so abwegiger Gedanke. Das Leben die Aufgabe, das Abenteuer die Poesie." Die Unverbindlichkeit eines Kalenderspruchs. „Wer weiß, welches Abenteuer in Umiaktaliq auf uns wartet."
„Yeah", stöhnt Tim, „wenn ich das nur wüßte."

Wir badeten im Kugnuak River. Ein Fluß so kalt, daß er nicht nur die Sünden der Vergangenheit, sondern auch die der Gegenwart und Zukunft wegwäscht.
Tim und ich waren mitten im geschäftigen „spruce up", das heißt, wir putzten uns zum Landgang, als der Outboarder heranknatterte. Es war ein großes Frachtkanu mit Spiegelheck, wie es die Eskimos benutzen, das in „unseren" Nebenfluß einbog. Zwei Kapuzen-Männer stakten das Kanu mit hochgeklapptem Motor das flache Flüßchen hinauf. Nachdem sie das Kanu ein Stück aufs Ufer gezogen hatten, trotteten sie wie beiläufig heran.
Die beiden standen eine Weile zigarettenpaffend und unschlüssig herum.
„Man kommt von weit her..." Der ältere der beiden eröffnete das Gespräch.
„Viele Caribous, wo man herkommt?"
„Wie steht's mit den Seehunden, den Walen?"
„Wie kann man einen bösen Fluß wie den Kugnuak nur mit einem solch kleinen Kanu befahren?"
„Warum habt ihr keinen Motor an eurem Boot ?"
„Wieso fliegt man nicht mit dem Flugzeug, so wie es die übrigen Kabloonas, die Weißen, tun?"
„Ob man zur Hochzeit gekommen sei?"
„Ob man eine Zigarette übrig habe ... zu Hause habe man tausende, aber hier und jetzt..."
Der jüngere der beiden nahm eine, der ältere drei. „Vielleicht möchte man nachher noch eine rauchen", erklärte er, und ... er sei Mister Edvaq Snowball, der Onkel von Nanurak.

In der Regel begegnen uns Eskimos oder Inuit als ausgesprochene Frohnaturen.

„Nanuraks Onkel!" bestätigte der jüngere der zwei Männer zwischen zwei Zügen aus dem Glimmstengel.
Als das Wort Hochzeit fiel, hatte ich Tim einen raschen Blick zugeworfen. Tim war, wie mir schien, ein bißchen blaß geworden. Aber Mister Snowball redete weiter. Vor einem gewissen Takolik müßten wir uns in acht nehmen. Takolik sei eine Art von Chief and Preacher, von Häuptling und Prediger, in Wirklichkeit aber ein Quiqirn Amitok Idjuk, was soviel bedeutet wie der „verschrumpelte Hoden eines haarlosen, dreibeinigen Hunderüden".
Was immer dahinter stecken mochte: Dieser Takolik hätte im Council durchgesetzt, daß Umiktaliq, diese einst vor Leben und Lachen sprühende Siedlung zu einem Totenhaus geworden sei. Nicht mal zur bevorstehenden Hochzeit...
„... zu wessen Hochzeit?"
„... zu all den Hochzeiten gibt es nicht den kleinsten Schluck zu trinken."
Unter Eskimo-Mädchen gibt es ausgesprochen reizvolle Figuren, Gesichter, Charaktere. Aber gleich heiraten?
Tim lenkt mich ab. „Irgendwas muß man doch mitbringen, man kann doch nicht mit leeren Händen..." erklärt er.
„Verdammt spät, dich daran zu erinnern."
„Ich hab noch eine Flasche Crème de Menthe."
„Crème de Menthe? Dieses elende giftgrüne Zeug? Wie hast du das denn geschafft, den Stoff bis hierhin aufzuheben?"

Nanurak hatte damals in Edmonton eine große Schwäche für Crème de Menthe. Tims Gefühle für Nanurak müssen rein und

So wie die Indianer „vom Lande", leben die Eskimos vom Segen des Meeres.

tief sein. Wenn Tim es schafft, der Versuchung einer vollen Flasche...
„Nicht einen Tropfen, keine geistigen Getränke?" Traurig schüttelt Edvaq Snowball den Kopf und hebt bedauernd die Schultern. „Die hirnlose Filzlaus von Takolik..." Edvaq Snowball hat den Crème de Menthe erspäht.
„Man sollte die Flasche dem Preacher Takolik, diesem Itirbilung, diesem stinkenden Lapparsch lieber nicht in die Hände fallen lassen. Der ist imstande und nimmt sie euch weg und säuft sie selbst aus."
„Gib jedem der beiden einen Schluck. Du hättest nicht so offen mit dem Zeug herumhantieren dürfen." Sowohl Onkel Snowball wie auch sein Begleiter haben einen beachtlichen Zug.
„Vielleicht ist es besser, die Flasche ganz auszutrinken..."
„Nein, Mister Snowball. Der Rest ist für Nanny, äh, Nanurak. Es hängen viele Erinnerungen an der Crème de Menthe."
„Seit wann gibt man ohne Not den Frauen etwas von seinen Getränken ab, wenn sie so knapp sind wie jetzt?" protestiert Onkel Nedvaq vergeblich.

In diesen abgelegenen Eingeborenendörfern des Nordens gibt es häufig Alkoholprobleme. Daraus entstehen schlimme, ja erschütternde Dinge. Sie reichen hin bis zu Mord und Totschlag. Der Grund ist, daß weder die Indianer noch die Eskimos je gelernt haben, qualitativ oder quantitativ mit dem Alkohol umzugehen. Da man im Norden zu extremen Lösungen neigt, hat eine ganze Reihe von Gemeinderäten ein absolutes Einfuhrverbot für Alkoholika verhängt. Sie haben nicht bedacht,

Die Eingeborenen-Dörfer an der Eismeerküste sind nicht auf Tourismus eingerichtet. Man muß mit dem vorlieb nehmen, was da ist.

daß Verbote auf die Dauer kaum etwas Positives bewirken können. Eher sind Aufklärung und Einsicht gefragt.
„Es mag Gründe geben, so zu handeln", sage ich trotzdem.
„Wir Inuit sind seit hunderttausend Jahren ohne Chief oder Häuptling oder was auch immer ausgekommen. Und jetzt ist plötzlich einer da, und noch dazu einer, der von nichts und niemand eine Ahnung hat und will uns sagen, was wir zu tun oder zu lassen haben", entgegnet Mr. Snowball.
„Wenn ihr fertig seid, sollten wir fahren", unterbricht der jüngere Eskimo unser Gespräch.
Die Eskimosiedlung Umiaktaliq an der Mündung des Kugnuaq River ist weder pittoresk noch in irgendeinem anderen Sinne attraktiv. Sie ist nicht einmal modern. Sie duckt sich bescheiden in den Sattel zwischen zwei Granitrücken, von denen der eine „Molly's Hinterbacken" und der andere der „Sargdeckel" genannt wird.

Bürokraten, beamtete Planer, Regierungsangestellte – Leute jedenfalls, die sich strikt weigern, über ihr monatliches Salär und die tägliche Arbeitszeit hinaus sich irgendwelche Gedanken zu machen – Leute, die begriffen hatten, daß Initiative, Engagement, Weitsicht den Ablauf der Maschinerie stören würden und deshalb unerwünscht sind – haben sich beim Bau von Umiaktaliq auf zwei Haustypen beschränkt. Auf die kleinen, einfachen, billig zu errichtenden Wohnschachteln für die Eskimos und die dreimal größeren, komfortableren, aber genauso uniformen Häuser für die Administratoren, Mechaniker, Lehrer, Polizisten – für die Weißen.

Die Eskimos sind – von sanfter Gewalt getrieben – von den Schecks der Wohlfahrtseinrichtungen gelockt – aus ihren weitverstreuten Tundra- und Küstencamps aufgebrochen, sind vielleicht gar nicht mal so ungern dem Ruf der Bürokratie gefolgt. Die schlitzäugigen und -ohrigen Bewohner des nördlichen Randes des Kontinents hatten immer schon einen Hang zum Opportunismus. Ohne ihn hätten sie wahrscheinlich überhaupt nicht zu überleben vermocht. Außerdem: Wer schaut dem geschenkten Gaul schon so tief ins Maul, daß er dessen schlechten Atem riecht? Das Gemüt dieses Völkchens ist ohnehin auf der Sonnenseite des Daseins angesiedelt. Obwohl es sich inzwischen in einem Teufelskreis von Abhängigkeiten dreht, ist ihm weder der frohe Sinn noch die Lebenslust abhandengekommen.

Trotzdem bin ich erstmal gespannt, wie das alles sich zwischen meinem Partner Timothy und Nanurak, der Bärenpelzigen, entwickeln wird.
Nach guter, alter Tradition und der Vorsicht, die einem die Erfahrung vermittelt, haben wir unser Lager ein Stück von Umiaktaliq entfernt aufgebaut. Ein, zwei Meilen stromauf an einem kleinen Nebenfluß des Kugnuaq River. Dieses Gewässer ist zu schmal und zu seicht, daß die Motor-Kanus, wie die Eskimos sie heute benutzen, es direkt anlaufen können. Nach einer kurzen Portage wären wir notfalls an einem harmlosen Tundra-See, von diesem über einen felsigen Abfall in einer Salzwasser-Lagune und könnten in Minuten, ohne Umiaktaliq zu passieren, die Freiheit des Polarmeeres gewinnen.
Das geschieht weder aus Kontakt- noch aus Menschenscheu. Es geschieht aus Respekt vor den Besuchten, doch ebenso zur Wahrung der eigenen Intimsphäre. Im Dorfalltag bedeuten Fremde vor allem für die Kinder eine große Attraktion, der sie sich intensiv widmen. Distanz ist auch geboten gegen mögliche Repressalien heißblütiger Verehrer. Je attraktiver die Frau, umso größer ist die Schar ihrer Bewunderer und umso heftiger die Abneigung gegen mögliche Rivalen. Das ist auf jeder Dorfkirmes so, das ist bei den Eskimos nicht anders.
Obwohl sich hartnäckig die Mär hält, die Bewohner der kalten Küste dieses Erdballs hätten nichts Eiligeres zu tun, als dem Gast, wenn's denn sein soll, die eigene Gattin anzudienen. Es war und ist eine Mär. Auch für viele Eskimomänner zählt nur dann die Treue, wenn sie ihnen gilt – wobei die Eskimo-Ladies seit eh und je das gleiche Prinzip für sich in Anspruch

genommen haben. Manchmal war es für den Inuk höchst vorteilhaft, seine Frau auszuleihen, und nicht selten hat die Frau unsichtbare Fäden gesponnen, die ihrem Herrn und Gebieter den Eindruck vermittelten, er habe die Sache initiiert. Es ist das uralte, immer wieder mit großer Begeisterung von allen Rassen und in allen Zeiten mit mehr oder weniger Subtilität und Raffinesse gespielte Spiel.

Die Begrüßung zwischen Nanurak und meinem Partner Timothy Tristan Drygoose – wir treffen sie vor dem Co-op Store – ist merkwürdig unpersönlich, vielleicht sogar ein bißchen gehemmt. Ein paar forschende Blicke, ein mittelmäßig langer Händedruck. Es scheint, als ob die beiden nicht so recht wüßten, was sie miteinander anfangen sollen. Mochten sie selbst sehen … Aber nein, beide wehren ab, als ich mich taktvoll zurückziehen will. Wir ziehen zu dritt ins Igloo Inn. Merkwürdigerweise macht Tim keine Anstalten, sein Mitbringsel, die Crème de Menthe-Flasche anzubringen.
In der viertklassigen Trostlosigkeit des Cafés trinken wir irgendein ebenso trostloses Getränk.

Ob wir mit zu Tante Kittiemaggie kämen, fragt Nanurak. Tante Kittiemaggie sei Seifenstein-Schnitzerin. Wieder mache ich den Versuch, das junge Glück allein zu lassen, und wieder protestieren die beiden heftig.
Tante Kittiemaggie wohnt etwas abseits in einer der üblichen Wohnschachteln. Sie wohnt offensichtlich allein. Sie führt keinen Haushalt wie die Tanten meiner Jugenderinnerungen;

sie führt ihren Haushalt nach den Erfahrungen und Vorstellungen einer Eskimofrau.
Es gibt Tee bei Tante Kittiemaggie, und dann packt Tim sein Mitbringsel aus, die Flasche Crème de Menthe.
Crème de Menthe. Über Nanuraks Züge huscht sowas wie eine ferne, undeutliche Erinnerung, während Madame Kittiemaggie in freudigem Entsetzen die Hand vor den Mund schlägt, zur Tür eilt, hinausspäht, die Luft sauber findet, mit dem Zipfel ihrer Bluse ein paar Senfgläser auswischt und erwartungsvoll zusieht, wie Tim die giftgrüne Brühe verteilt.
Ich gestatte mir einen winzigen Schluck, der Anstand gebietet es wohl – Kittiemaggie und Tim trinken – Nanurak lehnt lächelnd ganz ab. Ob sich ihre Vorlieben inzwischen verändert haben? Was geht's mich an. Dann betrachten wir die Seifensteinschnitzereien.
Wie viele Eskimos beherrscht die Tante die Kunst, aus einem Steinbrocken ein Tier, eine Jagdszene, eine menschliche oder mythologische Figur zu schaffen. Einige wenige dieser Inuit sind wirkliche Künstler, andere solide Handwerker, viele andere liebenswürdige Dilettanten. Es ist nicht anders als in unseren gemäßigten Breiten. Kittiemaggie Arnanak gehört nicht zu den besonders Begnadeten, aber dieses Manko macht sie durch ihre Bescheidenheit, ihren Charme mehr als wett. Auch wenn die Unterhaltung im wesentlichen aus lebhaften Gebärden und viel Gelächter besteht.
Wir kaufen, das heißt, in erster Linie kauft Tim, von den aufmunternden Blicken Nanuraks befeuert, eine ganze Menagerie Walrösser, Bären, Caribous, Seehunde und Fische.

Die Zivilisation hat sich in den abgelegensten Regionen breitgemacht, und manches Eskimo-Mädchen arbeitet heute im Supermarkt.

Bis es plötzlich an der Tür poltert, Kittiemaggie wie der Blitz die Flasche unter einem Haufen Lumpen versteckt und Onkel Edvaq im Raum steht.
Der Inuk zieht prüfend die Luft ein, seine Augen wandern flink über den Tisch zu den Senfgläsern, aber Kittiemaggie ist schon dabei, Tee nachzuschenken, die kümmerlichen Reste der Crème de Menthe zu ertränken und damit unsichtbar zu machen.
„Ein wunderschöner Tag", erklärt Mister Snowball, „ein Tag wie geschaffen zur Waljagd. Es könnte sein, daß man bald Fleisch brauche, viel Fleisch, es sei möglich, daß Jamie bald käme, daß bald Hochzeit sei." Und dann reden alle durcheinander in Englisch und in Eskimo, und ich komme nicht dazu zu fragen, wer Jamie sei und um wessen Hochzeit es sich handelte.

Die Vorbereitungen zur Waljagd entsprachen der Größe und der Bedeutung der möglichen Beute. Es mußten Sprit und Verpflegung gekauft, es mußte ein Zelt, Ersatzmotor und ein Ofen geliehen, Munition besorgt werden. Es sind erstaunliche Mengen Sprit, Proviant und Munition, die nach großem und unverständlichen Palaver den Besitzer wechseln. Wir haben das Privileg, unter der kaum fühlbaren Regie Nanuraks das alles bezahlen zu dürfen. Tim hebt hilflos die Achseln. Okay, er soll seine Chance haben, denn Nanurak wird ebenfalls mitkommen. Das Dumme an der Sache ist, daß ich mir wenig aus der Jagd, am allerwenigsten aus der Waljagd mache. Muktuk, die Schwarte des weißen Beluga-Wals, ist zwar eine große Delikatesse, doch der Rest nichts weiter als eine üble Schlächterei.

Obwohl es bereits auf Mitte August zugeht, wird es in diesen Breiten kaum dunkel. Die Sonne taucht für kurze Zeit für eine, höchstens anderthalb Stunden unter den nördlichen Rand des Eismeeres. Im Norden zeigt sich dann ein dunkelroter Streifen mit grau-violetten Rändern, darüber hängen grau-schuppige Wolken mit breiten, leuchtend-rosa Säumen.
Es ist windstill, und die Inseln schwimmen schimärenhaft über dem Wasserspiegel. Es ist kalt. Boote mit Outboardmotoren sind kälter als das Kühlhaus einer Fleischfabrik bei Nacht. Nanurak hockt zusammengekauert im Bug des Kanus; Tim und ich hocken in der Mitte, der Skipper Edvaq Snowball steht im Heck. Das lärmende Geknatter des haubenlosen Outboarders verbietet jede Unterhaltung, macht die Ohren taub gegen jede andere Empfindung und schläfert doch ein.
„Da drüben – da sind sie!" schreit unser Skipper, „eine ganze Herde!" Auch Nanurak erwacht aus ihren Träumereien. Sie dreht sich um, späht kurz über die Bordwand in Richtung der schon wieder aufgehenden Sonne, beschattet die Augen und läßt sich – wie mir scheint – mit einem halb wissenden, halb resignierten Lächeln wieder zurückfallen. Edvaq beschreibt einen flachen Kreisbogen. Er will sich, wie mir scheint, in eine Querab-Position manövrieren, um von dem Glast des Sonnenaufgangs nicht geblendet zu werden.
Eine kleine Brise ist aufgesprungen – aber ich kann sie deutlich sehen, diese weißen Flecken und Punkte. Ganz merkwürdig schaukeln sie auf der Wasseroberfläche.
Edvaq winkt mich nach hinten. Aha – ich soll das Kanu steuern. Der Eskimo ist aufgeregt, hastig rollt er das Seil mit der Boje

Für Eskimos immer noch eine wichtige Jagdbeute: ein Seehund in seinem Atemloch

auf, spricht mit sich selbst in für uns unverständlichem Eskimo – späht in Richtung der weißen Punkte und beginnt – für meinen Begriff viel zu früh – mit seiner 303 zu feuern. Die Schüsse liegen weit weg von den Zielen, ich sehe die kleinen Fontänen aufspringen. Selbst für einen mit übernatürlichen Fähigkeiten des Balancehaltens ausgestatteten Menschen ist es so gut wie unmöglich, aus einem schwankenden Kanu auf diese Entfernung einen gezielten Schuß abzugeben.
Nanurak sieht – wie mir scheint – schadenfroh grinsend zu uns herüber, ruft Onkel Edvaq etwas auf Eskimo zu. Den hat das Jagdfieber vollständig im Griff. Schuß auf Schuß peitscht übers Meer in Richtung der Wale. Aber Moment mal, das sind keine Wale, die schaukeln doch nicht so an der Oberfläche ... nein, dies ist Eis, ein kleiner, in tausend Stücke geborstener Eisberg. Nanurak hat das offensichtlich schon längst erkannt, wollte aber ihrem Onkel nicht hineinreden. Auch der sieht inzwischen ein, daß er das Opfer einer Fata Morgana geworden ist.
Er wirft seine Waffe auf den Bootsboden und springt auf ihr herum – mit bösem Gesicht und einer ununterbrochenen Kette unverständlicher Flüche. Er springt so sehr, daß ich Angst habe, er könne durch den Bootsboden krachen. Währenddessen kullern der vorn im Boot knieenden Nanurak die Tränen die Backen runter, sie kriegt sich kaum noch ein vor Lachen.
Dann besinnt sich auch Onkel Edvaq eines besseren, schaut verdutzt, hebt die Büchse – blickt sie prüfend an – ja, sie hat diese Malträtierung offensichtlich überstanden; er beginnt, in Nanuraks Gelächter einzustimmen. Es dauert nur fünf Sekunden, und auch ihm laufen die Freudentränen über die

dicken Backen. Sie können sich über ein Stückchen Holz krummlachen, diese Inuit, aber nicht immer und nicht in jedem Fall.

Am folgenden Abend sitzen wir ums Feuer vorm Zelt, reden über Gott und die Welt.

„Erinnerst du dich noch gerne an die alten Zeiten, Edvaq?" frage ich unseren Freund.

„Die alten Zeiten – man weiß nicht so recht, wie das ist mit den alten Zeiten ... die alten Zeiten sind schon ziemlich lange her." Edvaq bleibt vage. Kratzt sich am Kopf. Dann schlürft er einen Schluck schwarzen Tee.

„Man trinkt ihn ja ganz gern ... vor allem, wenn nichts anderes, wenn nichts besseres zur Hand ist."

„Streng deinen Grips mal an, Onkel Edvaq. Sonst läßt du doch keine Gelegenheit aus, von deinen Heldentaten zu erzählen..." ermuntert ihn Nanurak.

„Die alten Zeiten ... man kann sich wirklich so gut wie nicht mehr erinnern." Edvaq schüttelt den Kopf.

„Aber Onkel Edvaq, du fandest das doch herrlich, als ihr im Sommer in Tupiks, in Zelten, wohntet und im Winter in Schneehäusern, in Iglus."

„Die Tupiks waren ja ganz gut, weil es hell und warm war im Sommer, weil man sowieso nicht so oft drin war. Aber die Iglus – geh mir weg mit den Iglus. Nein, die Iglus waren nicht gut, ganz bestimmt nicht. Oben unter der Decke, da hockte der Tropfgeist, und unten am Boden saß der Frostkobold. Der eine konnte sein Wasser nicht halten und ließ es auf dich

Bewunderns-
wert, wie die
Eskimos oder
Inuit in dieser
feindlichen
Umwelt überle-
ben konnten –
und es immer
noch können.

Obwohl die heutigen Canvas-Zelte nur noch wenig gemein haben mit den alten „tupiks" aus Seehundsfellen, verbreiten sie ihre ureigene Atmosphäre

herabrinnen, ließ es dir in die Halskrause laufen, während der Frostkobold mit unsichtbaren, eisigen Klauen deine Füße umspannt hielt. Aber noch schlimmer trieb der es mit den Frauen ... man erinnert sich heute noch. Schierer Frost ... richtige Eiszapfen waren die Füße der Frauen ... es dauerte und dauerte, bis die warm waren auf dem Fellager ... brrr ... war das ungemütlich!"
„Das ist bei den weißen Frauen auch nicht viel anders, immer noch nicht", beeilte ich mich zu bemerken.
„So, so, ist das so? Also bei uns, bei den Inuit, ist das alles besser, viel besser geworden. Du drehst an einem Knopf, und dann wird es warm, viel wärmer als in allen Iglus der Welt zusammengenommen, und du drückst auf einen anderen Knopf, und es ist im tiefsten Winter hell wie am lichten Tag. Aber ob die Frauen immer noch kalte Füße haben ... man achtet nicht mehr so recht darauf." Edvaq spuckt in die aufzischende Glut. „Früher gab es viele Thorngaks, bösartige Eisriesen, die überall herumlungerten. Sie hatten Tarnkappen, waren ganz und gar unsichtbar. Trotzdem: das kleinste Tabu, das der arme Inuk nicht beachtet hatte – und schon hatten ihn die Thorngaks am Schlawittchen. Da half ihm der beste Angakok nichts."
„Angakok sind Schamanen", erklärt Nanurak.
„Kein Angakok half und kein Amulett, selbst wenn es fünf Pfund wog", Edvaq wiegt den Kopf, „nein, mit den Thorngaks war nicht zu spaßen. Dabei verstanden die Angakoks noch etwas von ihrem Job. Ganz anders als dieses gepökelte Walroßgesicht eines Takolik. Für einen Angakok war es soviel", Edvaq schnippt mit den Fingern, „nicht mehr als das, und

er flog zum Mond und kam sogar wieder zurück." Edvaqs Hand fährt in die Höhe und beschreibt einen Halbkreis. „Ich wette, wenn Takolik, der dümmer ist als ein ungeborenes Caribou-Kalb, das probieren würde, der käme nicht mal bis zum ersten Stern, und schrumms ... läge er platt wie eine Flunder auf der Erde. Würde ihm ganz recht geschehen, diesem am haarigen Hintern eines Hundes baumelndes Stück Sch..."

„Bitte, Onkel Edvaq..."

Onkel Edvaq schluckt den Rest des Wortes herunter. „Aber stellt euch mal vor", er wendet sich jetzt an uns, „stellt euch nur vor, wir hätten ein winziges Schlückchen flüssigen Mondschein, wie geschmeidig würde das die Zunge machen, und die Geschichten von den alten Zeiten würden sprudeln wie der Kugnuak River nach der Schneeschmelze."

Es geht auch so, Edvaq beginnt, sich für das Geschehen in den alten Zeiten zu erwärmen.

„Je mehr man nachdenkt, umso eher erinnert man sich. Früher kam es vor, du hattest Streit mit einem anderen Inuk. Vielleicht warst du gerade dabei, seiner Frau die Füße zu wärmen oder du hattest von ihm einen Hund geliehen, und er wollte den Hund wiederhaben. Da ist es schon mal vorgekommen, daß der Kerl tot liegengeblieben ist. Ich war ein ziemlich gefährlicher Typ damals..."

Edvaq beobachtet die Wirkung seiner Worte, während Nanurak Tim mit ihrem Ellbogen anstubst.

„... da liegt der Kerl also da, und man geht hin und schneidet ihn ein bißchen auf und ißt ein Stück von seiner Leber, damit

sein Geist dir nichts anhaben kann. Man ißt sie, solange die warm ist. Später schmeckt sie nicht mehr. Dann mußte man sich rasch verkrümeln. Soweit weg es eben nur ging. Der Kerl hatte nämlich todsicher einen ziemlich lebendigen Bruder, und in nullkommanichts hatte man den auf dem Hals oder sonst einen aus der Verwandtschaft. Das war gar nicht so einfach damals."
Edvaq schaut uns Bestätigung heischend nacheinander an.
„Wenn man aber selbst tot war, was ja auch hin und wieder vorkam, dann hatte man nichts mehr damit zu tun, dann mußte einer aus der eigenen Sippe dem anderen an den Kragen und wenn der den hatte, dann ging es von der anderen Seite von neuem los. Aber man war ja gewarnt. Es war, es war ... ich finde", Edvaq sieht sich hilfesuchend um, „ich finde nicht mehr das richtige Wort..."
„Es war Stress, richtiger Stress, Onkel Edvaq. Blutrache ist immer Stress. Sie führt zu weiter nichts als zu endlosem Blutvergießen."
Edvaq nickt ernsthaft. „Man hat auf diese Art und Weise Dutzende von Inuit zu ihren Ahnen versammelt."
Nanurak stubst Tim wieder sachte mit ihrem Ellbogen an. Sie kennt ihren Onkel und dessen Erzählungen.
„Heute ist das alles gar nichts mehr. Überhaupt nichts."
Edvaq macht eine wegwerfende Handbewegung. „Wenn es heutzutage Streit gibt und der andere bleibt liegen ... dann brauchst du seinen stinkenden Bauch nicht mehr zu öffnen und seine Leber zu essen. Was glaubt ihr, was passiert?"
Er sieht uns herausfordernd an, macht eine Pause und beantwortet die Frage selbst.

„Es passiert nichts, gar nichts. Es kommt der Mountie, und der Mountie nimmt dich mit. Sie geben dir ordentlich zu essen und stecken dich in ein kleines, hübsches, warmes Zimmer. Misiktuk hat es mir genau erzählt, als er dem Imudluq die Flasche übern Kopf gehauen hat und der Imudluq alle Viere von sich gestreckt hat wie ein toter Schneehase. Sie haben ihn freundlicher behandelt als seine eigene Frau, die alte schiefmäulige Cummi. Misiktuk wurde jedenfalls dann da unten im Süden einquartiert; er hatte es warm und gemütlich und brauchte nicht einmal Wasser zu holen. Das kam wie aus einer Quelle direkt aus der Wand. Wenn es ihm langweilig wurde, hat Misiktuk Brotkrumen vors Fenster gestreut und ein paar Schlingen gelegt. Denn da unten bei diesen Kabloonas gibt es viele Tauben, soviele, daß sie direkt ans Fenster kommen. Misiktuk hat die Tauben gefangen, gerupft und gegessen. Die Verpflegung war gut und warm, aber es war das gleiche Essen, was du auch im Co-op kaufenkannst. Es war nicht so herzhaft und kräftig im Geschmack, wie ein Inuk es mag. Misiktuk würde trotzdem sofort wieder gehen. Manchmal überlegt er, ob er nicht seine Alte, die Cummi, zu ihren Ahnen schicken sollte. Aber Cummi ist wachsam und heimtückisch. Sie ist imstande und schneidet Misiktuk vorher die Gurgel durch…"

„Es gibt Frauen, die verstehen überhaupt keinen Spaß", wirft Tim in die Runde. Bislang hatte mein Partner geschwiegen. „Frauen und Hunde – nichts als Ärger…"
„Onkel Edvaq…" Nanuraks Stimme hat einen drohenden Unterton.

Meeressäuger – wie hier ein Walroß – boten den Eskimos eine Überlebenschnance.

„Ich meine ja nur die Hunde. Ein Dutzend ewig hungriger, haariger, stinkender Teufel. Eine wüste Bande, die immer etwas anderes vorhat als unsereins. Und heute, was ist heute?" Wieder eine kleine Pause. „Heute setzt du dich auf deinen Motorschlitten, drehst den Schlüssel und bist schneller weg als der Wind."

„Und wie oft springt das Ding nicht an, Onkel Edvaq, und du verfluchst es so schlimm, daß alle Teufel in der Hölle schamrot werden..."

„Tja ... das ist natürlich anders als damals mit den Hunden. Bei den Motorschlitten hilft keine Peitsche und nicht einmal ein Knüppel. Wenn Elijah damals Hunde gehabt hätte, als er durch das Eis des Kugnuak River gebrochen ist – die hätten ihn wieder rausgezogen. Es wäre zwar kalt gewesen wie der Bauch eines Eismeer-Haies, doch wir hätten ihn wieder aufgewärmt. Vielleicht war es früher doch nicht so schlecht. Jedes Ding hat zwei Seiten, sagt man."

Edvaq gestattet sich eine Pause des Nachdenkens. „Manchmal war es richtig schön ... Man erinnert sich. Wir hatten viel Spaß. Bei rechtem Licht gesehen, war das Essen besser. Es kam nicht so regelmäßig, aber es war einfach besser früher. Einfach frischer, es war nicht gekocht und kräftiger im Geschmack." Der Onkel wiegt sein Haupt, schweigt eine Weile. „Vielleicht hat das Leben damals sogar alles in allem mehr Spaß gemacht als heutzutage, man müßte einmal länger darüber nachdenken. Richtig lustig wurde es jedenfalls, wenn du dir einen ordentlichen Hieb Mondenschein durch die Kehle reißen konntest." Edvaqs Blick schien sich nach innen zu kehren. Er seufzte tief. „Und jetzt, jetzt wird sogar Hochzeit gefeiert. Einmal im Leben, und dann immer mit derselben Frau. Wie soll das ...", sein Blick verlor sich im Schmerz eines tiefempfundenen Vorwurfs, „... wie soll das gutgehen, wenn du dir bei dieser Gelegenheit nicht einmal deinen Bauch richtig aufwärmen kannst? So richtig von innen, wo es besonders gut tut?"

Nicht das Wort Mondenschein, sondern das Wort Hochzeit hat mich elektrisiert. Schließlich interessiert man sich für das Schicksal seines Freundes und Partners von so mancher Tour.

„Und wer alles wird den Hochzeitskuchen anschneiden?" frage ich flüsternd, „sag mir, Edvaq, wird's auch Nanurak sein, Nanurak und Tim?"

„Man weiß es nie so genau..." erklärt Edvaq vieldeutig, „man weiß nicht, wann der Reverend Jamie kommt. Manche entscheiden sich früh und manche erst im letzten Augenblick und wieder andere sind noch viel hartnäckiger..."

Inzwischen kreisen die Gespräche im Dorf Umiaktaliq um die bevorstehenden Hochzeiten, um den Jahresbesuch des anglikanischen Reverend. Mit einem der nächsten Flugzeuge wird Reverend Jamie hereinschweben. Nicht klar dagegen ist die Frage nach den übrigen Hauptdarstellern des sich ankündigenden Spektakels.

Gerüchteweise heißt es, daß ein gewisser Sinak Argnatuk und eine gewisse Philomena Aviguaq, daß sich Edvaq Pujetung und Susie Kuaqdjuaq die Hand zum Lebensbunde reichen werden. Offen dagegen bleibt die Frage, ob Nanurak und Timothy ...

Lachen sie sich mal wieder über ein krummes Stück Holz tot – oder ist es Koketterie vor dem Fotografen ?

doch zum Teufel, was gehen mich anderer Leute Hochzeiten an! Schließlich ist Nanni ein hübsches, intelligentes, auch um die Ihren besorgtes Wesen, das – wenn auch auf unsere Kosten – Onkel Edvaq und Tante Kittiemaggie zu beträchtlichen Zusatzeinnahmen verholfen hat.
Es wird noch etwas dauern, bis Reverend Jamie einschwebt. Im Augenblick röhrt ein formidabler Nordoster ums Zelt, peitscht den Regen waagerecht durch die Luft. Ich wettere den Aufruhr der Elemente in aller Ruhe in relativem Komfort meines Zeltes ab; ich lese, mache mir Notizen.
Tim ist verschwunden. Ich bin ihm dankbar, daß er mich allein läßt. Zwei Männer – auch wenn sie so gut miteinander auskommen wie Tim und ich – brauchen hin und wieder physischen Abstand voneinander. Wie eine Furie heulend und wie ein Berserker schnaubend, wirft endlich die Windsbraut das Ruder auf Nord herum und beendet das Toben bei fallenden Temperaturen in einem wagnerianischen Finale wirbelnder Schneeflocken. Es ist der Schwanengesang des kurzen arktischen Sommers.
Der Wind hat die Wolken weit hinunter in den Süden geschoben, die Luft ist jetzt von einer unvergleichlichen Frische. Eine maßlose Helligkeit hat Land und Meer überflutet, läßt die Farben in fast schmerzhafter Intensität leuchten. Noch hat die Sonne Kraft genug, die Schneepolster wegzulecken.
Ich paddle zum Dorf hinunter. Unterwegs passiert mich eines der großen Frachtkanus mit einer Besatzung von jungen, bis an die Zähne bewaffneten Burschen.
„Jamie is coming!" ruft der Skipper, „going hunting..." und

schon sind sie weg. Aha – die Jäger schwärmen aus, man braucht Fleisch fürs Festmahl.
Über dem Dorf liegt die Atmosphäre von fiebriger Spannung und freudiger Erwartung. Das Erscheinen des Reverend ist offenbar das Ereignis des Jahres.
Ich treffe Nanurak. „Wo ist Tim?" „Seehunde jagen." „Mit Edvaq?"
„Nein, mit Kakivang – Edvaq wird hier gebraucht."
„Und wer wird heiraten?"
„Vielleicht Sinaq, vielleicht Edvaq, vielleicht Susie, vielleicht Kittimaggie, vielleicht du, vielleicht ich..."
„Im Ernst, bitte."
„Ich hab's eilig. Jamie is coming."
Ich gehe weiter, höre ein Geräusch. Ein Outboarder? Der Dorf-Generator? Keines von beiden. Ein Flugzeug. Es kommt näher, und dann erkenne ich eine Beechcraft, zweimotorig, auf Schwimmern. Dröhnend zieht sie eine Schleife tief über das Dorf. Offensichtlich ist Reverend Jamie alles andere als ein Racheengel. Das Flugzeug steigert die freudige Erregung um eine weitere Sequenz.
„Jamie is coming!" rufen mir zwei Eskimoknaben zu, die in viel zu großen Stiefeln atemlos zum Strand hinunterschlappen.
„Jamie is coming!" sagt mir Preacher Takolik mit bedeutungsvollem Gesicht, während er an mir vorbeieilt.

Jamie is coming ... Es ist, als hätte ein ganz besonders potenter Schamane das Dorf Umiaktaliq mit einem Zauberstab berührt, hätte es in einen quirlenden Ameisenhaufen verwandelt. Die Aufregung, die Erwartung ist größer, als wenn anderswo

ein leibhaftiger Erzbischof, vielleicht sogar Mister Woytyla persönlich einträfe...
„Jamie is coming!" Edvaq Snowball kugelt eilig an mir vorbei in Richtung Strand. Das Flugzeug ist draußen im Fjord gewassert, hat am Schwimmdock, einer kleinen, von vier Benzintonnen gehaltenen Plattform festgemacht. Aber niemand hat bedacht, daß tiefe Ebbe ist. Die Boote liegen trocken, liegen hoch oben am Spülsaum. Das hält aber die Frauen, die

Tradition in der Kleidung und Fortschritt in der Technik – werden die Eskimos einen Mittelweg finden?

Kinder nicht auf. Wie ein langgestreckter Tausendfüßler krabbelt ihr Zug am Fjordufer entlang in Richtung Schwimmdock.
Die Männer stehen erstmal ratlos durcheinanderrufend und gestikulierend am Strand.
Edvaq erkennt als erster das Gebot der Stunde. Er schnappt sich den Kunststoff-Kajak des Lehrers, wirft ihn sich über die Schulter, stapft – mit der anderen Hand das Paddel schwingend – durch den Schlick zum Priel hinunter. Der Kajak ist ein Einsitzer, mit ihm kann er den Reverend zwar nicht von der künstlichen Insel runterholen, er kann ihn aber zumindest gebührend begrüßen.
Sein Beispiel bringt Leben in die Gruppe oben am Spülsaum. Ein halbes Dutzend Kapuzenmänner greift sich eines der großen Motorkanus, schleppt und schleift es durch den Schlick zum Wasser hinunter. Draußen schießen die wenigen Männer, die den Zug der Frauen und Kinder begleitet haben, ihre Flinten ab. Salut für den Reverend!

Edvaq ist unten am Priel, setzt das Boot ab, schlüpft in die Sitzluke, stößt sich vom Ufer ab – und kreist das Doppelpaddel schneller als die Flügel einer Windmühle im Sturm.
Doch was ist das? Kaum ist Edvaq mit seinem Boot aus dem Priel heraus, bewegt er sich in einem merkwürdigen und mir völlig unverständlichem Zickzack-Kurs. Er strebt zwar in Richtung der schwimmenden Plattform, doch strebt er merkwürdig unentschlossen. Der Zug der Tausendfüßler ist ins Stocken gekommen, die Eskimos betrachten interessiert Edvaqs Fahrt.
Inzwischen hat auch das Prospektor-Kanu das Wasser erreicht

– aber die Männer müssen es noch ein Stück aus dem flachen Priel rausstaken. Dann erst können sie die Maschine anwerfen. Edvaq wird trotz seiner merkwürdigen Manöver vor ihnen da sein.
Jetzt verstehe ich, was mit dem Kajakfahrer los ist. Edvaq beherrscht zwar noch die Kunst des Paddelns, doch das Paddel ist das Paddel eines Kabloona. Die Kabloonas – die Weißen – fahren ihre Boote mit verschränkten Blättern. Ihre Blätter sind breiter, der Winddruck ist größer als auf die schmalen Latten der Eskimos. Man muß den Schaft kurz drehen – und alles hat wieder seine Ordnung. Es geht ganz leicht, soweit man's weiß und soweit man's ein bißchen geübt hat. Doch der Vorgang ist Edvaq nicht geläufig. Eines der Blätter unterschneidet – einen Krebs fangen, nennt man das in Fachkreisen – und Edvaq liegt drin. Vom Ufer her erschallt ein vielkehliger Schrei des Entsetzens.
Die Grönländer vermögen zwar ihr gekentertes Fahrzeug wieder aufzurichten, doch die kanadischen Inuit haben diese Technik nie gelernt. Ganz einfach, weil sie größere und breitere, stabilere Boote hatten, weil die Boote seltener kenterten. Wie alle übrigen Eskimos kann Edvaq nicht schwimmen – der Schreckensschrei ist gerechtfertigt. Edvaq wäre in höchster Not, wenn nicht das große Prospektor-Kanu herangebraust käme, wenn seine Insassen den Schiffbrüchigen nicht im Handumdrehen aus dem Wasser bergen würden.
Das aufgeregte Geschnatter der Beobachter am Ufer schlägt in ein homerisches Lachen um. Es ist wirklich kein würdevoller Anblick, wenn ein wie eine nasse Katze triefender, nach Atem

Unter den Eskimo-Frauen gibt es exotische Schönheiten – und für die Kinder immer einen Grund, sich des Lebens zu freuen.

ringender Mensch von entschlossenen Fäusten an Kragen und Hosenboden gepackt und über die Bordwand gezogen wird. Ich kann mir denken, was in Edvaq vorgeht – vor allem, weil sein lachender Retter Takolik heißt. Der Skipper des Kanus steuert erstmal das Ufer an, Edvaq krabbelt an Land und rennt Richtung Dorf. Aus der Gruppe der sich vor Schadenfreude kugelnden Zuschauer löst sich indessen eine Frau, läuft hinter dem sich rasch in Richtung Dorf entfernenden Edvaq her.
„Pijuk, pijuk – viel Glück, viel Glück!!" sagt der kleine Eskimo neben mir und deutet lachend auf die beiden in einem Haus verschwindenden Gestalten.
Am folgenden Abend – Tim ist noch nicht zurück —— geht die große Eskimo-Hochzeit über die Bühne. Wen es treffen mag – ich versuche nicht mehr, es herauszufinden. Trotzdem werde ich mich unter die Zuschauer mischen.
Ein merkwürdig dünner Gesang erfüllt das Kirchlein, die Gemeinde singt in Eskimo. Jamie predigt in Eskimo. Die Knaben balgen sich im Gang zwischen den nach Geschlechtern getrennten Gemeinden. Sie kollern scheppernd gegen den riesigen, kalten Ofen; sie werden zwischendurch hinausgebracht, erscheinen aber nach und nach wieder am Ort des Geschehens.
Ein paar Babies beginnen, in den Kapuzen der Frauen zu schreien; behutsam werden sie nach vorn gezogen und an die Brust gelegt. Sie trinken schmatzend und schlafen zufrieden weiter. Jamie predigt immer noch in gutturalem Eskimo. Jetzt lauschen auch die Kinder. Keine Spur von irgendwelchen Bräuten und Hochzeitern.

Endlich ist die Zeremonie zu Ende. Aber niemand geht raus. Da steht ein in einen merkwürdigen, dunklen Anzug gezwängter, jüngerer Mann auf – für Eskimo-Verhältnisse ist er ein langer Lulatsch – und geht nach vorne. Auch auf der Frauenseite gibt's Bewegung. Eine junge Frau mit noch kindlich rundem Gesicht nimmt ihr Baby von der Brust, rückt ihre Bluse zurecht und folgt – es kann nichts anderes sein – ihrem Bräutigam. Ihr folgt eine weitere Frau mit züchtig niedergeschlagenen Augen – es ist, verdammt nochmal, was für eine Überraschung! Es ist Kittiemaggie! Und von der Männerseite her – jetzt schlägt's aber dreizehn – kommt Edvaq! Onkel Edvaq Snowball! Wenn jetzt noch ... da tippt mir einer sachte auf die Schulter. Es ist Tim. Tims Montur ist ziemlich mitgenommen, aber er strahlt übers ganze Gesicht. „Zwei dicke Seehunde haben wir geschossen", flüstert mir mein Partner zu. Im Umdrehen sehe ich auch Nanurak – sie lacht lautlos, zwinkert fröhlich mit einem Auge.
Nach der kurzen Zeremonie schieße ich die Hochzeitsfotos – wünsche „pijuk, pijuk" – „viel Glück" – drücke den Brautleuten die Hand.

Nachzutragen wäre: Edvaq gehörte schon lange zu denen, die nach einem Besuch bei der Dame ihres Herzens, bei Kittiemaggie, abends nicht mehr heimgingen. Als er von der besorgten Frau verfolgt, naß und frierend in deren Haus Zuflucht gesucht hatte, um sich trockenlegen und aufwärmen zu lassen – da ließ sich nichts mehr verheimlichen. Nach einem alten Eskimo-Hausmittel wird nämlich das unterkühlte Opfer in

Eisskulpturen im Land der Mitternachtssonne und des Nordlichtes

MARLBORO ABENTEUER REISEN
Faszination Amerika. Entdecken und Erleben.
Marlboro
Abenteuer Reisen

Pijuk, pijuk – viel Glück für die Hochzeitsfeier von Umiaktaliq

ein Bett gesteckt, und die sorgende Helferin schlüpft zu ihm unter die Decke.

Edvaqs Widersacher Takolik sorgte dafür, daß dem Reverend das und auch was vorher gewesen war, zu Ohren kam. Das Schicksal nahm seinen Lauf.

Tim und Nanurak geht es wie im Märchen: sie nicht gestorben sind, dann leben sie – wenn auch weit voneinander getrennt sich – zufriedener und glücklicher als unter ein und demselben Dach.

Und wenn immer noch und jeder für manches Paar

»Pah«, erklärte mir einmal der Oldtimer Charlie Wolf – »als ob du hier im Norden auf Legenden angewiesen wärst!« Charlie ist ein alter Waldläufer von rechtem Schrot und Korn, auch einer von denen, die »hinter den nächsten Hügel schauen wollen«, wie man hier sagt. »Pah«, rief er, »die Wahrheit, das wirkliche Geschehen, das Tun und Lassen dieser verrückten Typen – ist das nicht abenteuerlich genug?!«

Recht hatte er. Ich brauchte nur an John Hornby zu denken, eine der eigenwilligsten und bemerkenswertesten Persönlichkeiten, unter den Exzentrikern der Wildnis sicherlich der größte.
Kein Wunder, denn Jack, wie er von seinen Freunden genannt wurde, stammte aus England, wo spleenige, verrückte Typen quasi auf den Bäumen wachsen.
Er wurde 1880 in eine wohlhabende Familie hineingeboren, doch seine vorgezeichnete und dieser Klasse vorbehaltene Karriere ... Na, Schwamm drüber. Um die Jahrhundertwende war es in diesen Kreisen bei solch mehr oder minder hoffnungslosen Fällen üblich, dem Querschläger eine kleine Rente auszuloben und ihn höflich, doch rigoros aufzufordern, die Insel zu verlassen und sein Glück in einer anderen Ecke des British Empire zu versuchen. Einzige Voraussetzung: Die Ecke mußte ganz weit weg sein.
Mancher dieser so Abgeschobenen ging nach Australien, andere schifften sich nach Indien ein, und wieder andere landeten in Kanada. Das Weltreich bot Raum und Betätigungsfelder genug. Auch für Kerle, die nach

dem Marschtritt einer der Masse unbekannten Trommel marschierten.
Jack Hornby taucht 1906 in Kanada auf. Für eine Weile hängt er unschlüssig herum, versucht sich hier und da, probiert dieses und jenes, quartiert sich bei Verwandten ein und wählt endlich die Gegend von Edmonton, Alberta, als Basis seiner Unternehmungen. 1906 hat Edmonton allenfalls zwei- oder dreitausend Einwohner, für die meisten von ihnen ist die Siedlung nichts weiter als das Sprungbrett in den Norden, ins große Abenteuer.

Das Leben in der freien Natur, das ungebundene Wildnisdasein – Jack gewinnt dem mehr und mehr Geschmack ab. Er verdingt sich als Eisenbahn-Vermesser, als Packer, ist für einige Zeit »Assistent« eines Trappers, haust in einem Reservat der Stoney-Indianer, er macht sich mit dem sicheren Umgang der Axt vertraut, er lernt das Steuern eines Kanus und das Führen eines Hundeteams, der beiden wichtigsten, meist einzigen Transportmittel für Sommer und Winter. Er lernt tausendundeinen Trick, von denen das Leben und Überleben eines Waldläufers abhängen kann.
Als 1908 die Chance auftaucht, an der Jagdexpedition des Cosmo Dobrée Melvill zum Great Bear Lake teilzunehmen, ergreift Jack die Gelegenheit beim Schopf. Der Große Bären-See ist noch heute das Synonym für Abenteuer schlechthin, und wieviel mehr war es das zu Beginn des Jahrhunderts!
Schon die Anreise auf dem Wasserweg war aufregend genug: Von Athabasca Landing ging es nordwärts zum Athabasca Lake, es folgten die Querung dieses weiten Süßwassermeeres und die Einfahrt in den Slave River, die siebzehn Meilen lange »Portage« entlang der Katarakstrecke ab Fort Smith, dann die Weiterfahrt und Querung des enormen Binnenmeeres mit dem Namen Great Slave Lake. Dem folgte die Reise auf dem mächtigen Mackenzie, einem der größten Ströme der Erde. In Fort Norman zweigt die Route ab. Bis hierhin war's Routine. Jetzt stand der kraftraubende, hundert Meilen-Trip den reißenden und eisigen Bear River stromauf an. Endstation war dann das dritte und größte Binnen-

meer dieser Reise, der Great Bear Lake am Rand der Baumgrenze und der damals bekannten Welt.
Körperlich ist Hornby absolut fit. Sein schmächtiger Körper scheint aus nichts weiter als Lunge und Sehnen zu bestehen. Er hat mehr Durchhaltevermögen und Kraft als mancher anderthalbmal so große und doppelt so schwere Brecher. Rascher und behender ist er allemal. Zudem zeigt er sich jeder Arbeit und jeder Gefahr gewachsen, hat Intellekt und rasche Auffassungsgabe, ist furchtlos und ausdauernd.
Aber er kann sich weder ein- noch unterordnen. Hornby ist der geborene Einzelgänger, der »loner« – der einsame Wolf.
Auf dem Weg nach Norden trifft die Expedition einen anderen Menschen diesen Schlages – Vilhjalmur Stefansson, damals 28. Vilhjalmur ist ein Wissenschaftler isländischer Herkunft, ein dem Norden und seinen Menschen total verfallener Forscher und Ethnologe.
Über den Great Bear Lake ist im Kanada des beginnenden zwanzigsten Jahrhunderts kaum etwas bekannt.
Nur noch ein einziger Weißer kannte das »Land der kurzen Stöcke« wirklich. Sein Name ist Samuel Hearne. Von ihm ist in aller Ausführlichkeit die Rede gewesen.
Aber Samuel Hearne ist zu diesem Zeitpunkt fast 120 Jahre tot.

Unterwegs mit der Melvill-Expedition

In den Jahren 1819 – 22 war der Engländer Franklin in dieser Gegend schmachvoll bei dem Versuch gescheitert, die langgesuchte Nordwest-Passage über Land zu finden. Schmachvoll, tragisch – und verlustreich. Dease und Hanbury hatten die Gegend durchstreift, der Hudson's Bay-Angestellte Mackintosh Bell hat eine Karte gezeichnet, doch diese Karte ist von der mächtigen Handelsgesellschaft noch nicht freigegeben.
Die mit Ausrüstung, Verpflegung und Handelswaren überladenen Holzboote stromauf zu treideln, ist eine Aufgabe, die die Kräfte der vier Expeditionsmitglieder übersteigt. Melvill heuert eine Anzahl von Slavey-Indianern an. Mit vereinten Kräften gelingt die Parforce-Tour den reißenden Fluß hinauf. Am zweitgrößten See Kanadas angekommen, wollen die roten Hilfstruppen plötzlich alle mit – hinüber zum östlichen Ende des Binnenmeeres.
Auf dem zehn Meter langen York Boat wimmeln, wie Melvill in seinem Logbuch ausweist: ... *31 Indianer (einschl. Frauen und Kindern), 4 Weiße, 45 Hunde. Hinzu kommen 5 oder 6 Tonnen unbeweglicher, hochgestapelter Ladung ...*

Es ist eine Reise im Schneckentempo, stets in unmittelbarer Reichweite der Ufer.

Das unbeschreibliche Gewimmel von Menschen und Hunden an Bord

Vor ihnen öffnet sich die riesige Mc Vicar Bay. Dieser Teil des Great Bear Lake ist ein unendlich weites, zum Grausen gefährliches Gewässer. 36 Meilen offene See müssen gequert werden, das ist fast die doppelte Breite des Ärmelkanals zwischen England und Frankreich. Es wird ein atemberaubender, beklemmender Törn bei vier oder fünf Zoll Freibord, mit einer Besatzung, die von der Seefahrt soviel versteht wie ein Beduine vom Forellenfischen ...

Jede nur halbwegs steife Brise wird das totale Desaster so sicher herbeiführen wie das Amen im Gebet. Die Chancen stehen 50 : 50. Jedem halbwegs befahrenen Salzbuckel hätte es die Haare zu Berge getrieben. Es ist ein Motto, dem Hornby zeit seines Lebens treubleiben sollte: Alles auf eine Karte setzen.

Die indianischen Medizinmänner haben vorher die Trommel geschlagen und haben getanzt – und sie haben eine glückliche Überfahrt prophezeit. Sie behalten recht. Die alten Heidengötter des Great Bear Lake sind milde gestimmt.

Am Ostufer des Sees richten sie sich ein, bauen einen bescheidenen Handelsposten plus zwei Hütten – eine für die beiden schottischen Trader McCallum und Mackinlay, eine für Hornby und Melvill, die englischen Gentlemen.

Bald geht Hornby seine eigenen Wege – angeblich, um eine Route zum Coppermine River, zu Hearne's Schicksalsfluß, und um die Einstände der von Melvill gesuchten Moschusochsen zu erkunden. Bei seiner Rückkehr ist er abgerissen, ausgezehrt, erfolglos und ungeheuer glücklich. Er hat weder den Coppermine gefunden noch auch nur das Wollhaar eines Moschusochsen gesehen. Er hat sein Herz verloren an das Land der »little sticks«. Er geht vollkommen auf in dem scheinbar von allen Zwängen befreiten Dasein, das nur eine einzige Sorge, die des eigenen Überlebens kennt. Hornby ist jetzt schon auf dem Wege, die unausgesprochene Philosophie der Indianer zu seiner eigenen zu machen.

In der Umgebung halten sich genug Caribous auf, um eine kleine Armee zu versorgen. Und damit der Speisezettel nicht zu eintönig wird, können die Gentlemen und HBC-Leute ja immer noch in »good sport« schwelgen und sich an den Schneehühnern gütlich tun, die den hochgeschätzten Grouse der schottischen Highlands so ähnlich sehen.

Die Indianer nannten ihre alten Todfeinde – die Eskimos – „Huskies„

Trotz der subarktischen Bedingungen und trotz der Tatsache, daß auch die Slavey-Indianer keine Moschus-Ochsen entdecken können, ist es ein angenehmes Dasein. Die Truppe verfügt über genügend Vorräte, über warme Unterkünfte und eine ordentliche Ausrüstung. Um den Komfort auf die Spitze zu treiben, kocht Mackinlay an Weihnachten einen riesigen, würzigen Plumpudding, ohne den das Lichterfest für einen Briten ein Tag ist wie jeder andere.

Im Februar schlagen die Indianer Alarm: Sie überraschen Melvill mit der Nachricht, in der Nachbarschaft hätten sie Camps der »Huskies« oder der »Fremden« entdeckt. Beide Begriffe stehen bei den Slaveys für »Eskimo«.

Am Ost- und Nordufer des Great Bear Lake ist eine der wenigen Nahtstellen, wo sich die beiden kanadischen Ur-Rassen auf Tuchfühlung nahekommen. Indianer und Eskimos leben seit urdenklichen Zeiten in einem gesunden und berechtigten Mißtrauen zueinander. Oft genug gab es in der Vergangenheit bei mehr oder weniger zufälligen Zusammenstößen Blutvergießen, kam es zu Massakern.

Die Eskimos konnten auf die Dauer nicht ohne die Früchte der großen Meermutter existieren – und die Indianer brauchten den Schutz des Waldes, seine Tiere als Jagdbeute.

Zwischen diesen beiden Lebensräumen liegt die immense Weite der Tundra, der Barren Grounds, liegt das Niemandsland, das kanadische Never-Never.

Am Great Bear Lake ist ein Kontakt- und Konfliktpunkt. Bis hierhin stoßen die Jäger der arktischen Küsten vor, um sich das unentbehrliche Holz zu beschaffen, aus dem sie allerhand Werkzeuge, vor allem aber die Kufen ihrer Schlitten, der Komatiks schnitzen.

Umgekehrt stoßen auch die Indianer auf verwegenen Jagdzügen, auf der Suche nach den von ihnen hochge-

schätzten Moschusochsen bis tief in die baumlose, arktische Steppe vor. Mitunter lockt auch die Aussicht, ein kleineres Eskimo-Camp überfallen, ausrauben und zerstören zu können. Da wurde die Trommel geschlagen, da veranstalteten die Medizinmänner ihren Hokuspokus, da versuchten verwegene Kundschafter, die Zahl und Kampfkraft des Gegners abzuschätzen. Nach einer Weile gegenseitigen Belauerns zog sich die unterlegene Gruppe zurück – oder sie saß es aus und wartete ab, bis die Gegenseite das Weite gesucht hatte. Selten kam es anders. Vergewaltigen, Morden, Plündern, verbrannte Erde zu hinterlassen, das ist die alte atavistische Lust des Menschen.
Zu der Zeit, als Hornby und Melvill am Großen Bären-See auftauchten, war ein Teil der Indianer bereits missioniert und die Hudson's Bay-Manager hatten den Roten klargemacht, daß die Feuerwaffen nicht zum Schießen von Eskimos, sondern zur Jagd von Caribous und Pelztieren geschaffen seien.

Die Eskimo-Kontrahenten waren noch nicht soweit. Bei ihnen war das frohe, herzhafte Heidentum mit den alten steinzeitlichen Sitten und Gebräuchen noch ungebrochen. Allerdings hatten die braunhäutigen, schlitzäugigen Seehundsfänger herausgefunden, daß die roten »Läusefresser« durch den Erwerb der Feuerwaffen unbesiegbar geworden waren.
Jetzt stehen am Ostufer des Great Bear Lake vier Weiße – Melvill, Hornby, Mc Callum und Mackinlay auf der indianischen, ein fünfter Weißer auf der Seite der Eskimos: Vilhjalmur Stefansson. Die Melvill-Expedition versucht, mit den Eskimos in »Handelsbeziehungen« zu treten bzw. diese zur Unterstützung bei der Jagd auf Moschusochsen zu gewinnen. Stefansson ist zurückhaltender. Er will »seine« Copper-Eskimos, die noch ein steinzeitlich unschuldiges Heidendasein führen, vor dem verderblichen Kontakt mit der weißen Zivilisation bewahren.
Da trifft zufällig Jimmy Soldat, ein besonders tapferer, bereits missionierter Indianer, obendrein im Besitz einer Feuerwaffe, auf eine Gruppe von sechs Eskimos. Der Indianer demonstriert die Effektivität seines Don-

nerrohres. Die Eskimos sind beeindruckt. Sie scheuen sich, ihren zahlenmäßigen Vorteil zu nutzen. Mittels Zeichensprache versichert man sich gegenseitig aller friedlichen Absichten – und stellt gegenseitig Kontakte in Aussicht. Die Eskimos denken an Äxte, Messer und Feuerrohre; der Indianer träumt von Moschusochsenfellen, die er seinerseits den Weißen gegen Tabak, Mehl, Zucker, Munition, eiserne Fallen und dergleichen andienen kann.

Jack Hornby genießt die Rolle eines aufmerksamen Beobachters. Begierig lernt er die Jagdtechniken und Überlebenskünste der Eingeborenen und macht sie sich zu eigen. Immer weiter löst er sich von der Welt der Weißen. Seine Wanderschaft in Einsamkeit zwischen den zwei Hemisphären beginnt am Great Bear Lake.

Weder die roten noch die weißen Jäger haben Erfolg bei der Jagd auf Moschusochsen, obwohl sie tief ins indianerfeindliche Territorium bis an die Eismeer-Küste vorstoßen – Hornby geht meist seine eigenen Wege. Der eigentliche Zweck der Expedition – die Jagd auf die seltenen Moschusochsen, der Handel mit Indianern und Eskimos, tritt für ihn mehr und mehr in den Hintergrund.

Die Weißen und die Roten leben in lockerer Verbindung, gegenseitig voneinander profitierend. Hin und wieder erscheinen ein paar besonders mutige Eskimos auf der Bildfläche. Sie sehen sich neugierig um und verschwinden bald wieder. Hornby geht mal mit den Weißen, mal mit den Roten auf die Jagd. Er freundet sich mit den Eskimos an, scheint die besten Seiten der drei Welten zu genießen.

Inzwischen ist er ein Waldläufer – oder eher: Tundra-Läufer – der obersten Güteklasse geworden. Kein Roter, kein Brauner, und erst recht kein Weißer macht ihm etwas vor, wenn es um die Handhabung eines Hundeteams oder eines Kanus geht, wenn Schnelligkeit, Kraft oder Ausdauer gefragt sind. Längst beherrscht er alle Tricks und Fertigkeiten, in der barbarischen Kälte des Winters, in der tausendmal verfluchten Insektenplage des Sommers zu überleben – und obendrein diesem Leben noch eine positive Seite abzugewinnen. John

Hornby ist ein beneidenswert wunschloser Mensch geworden, einer, der dem Augenblick lebt, der die Vergangenheit vergessen, für den die Zukunft keine Bedeutung hat.
Die hübsche, junge Indianerin Arimo, Witwe eines frühverstorbenen Slavey, setzt das Tüpfelchen auf das Hornby-Glück. Arimo ist jung genug, die fleischlichen Freuden des zwischenmenschlichen Zusammenseins mit ihm zu teilen. Andererseits ist sie gescheit und erfahren, mit ihren praktischen Kenntnissen und Fertigkeiten das Leben in der Wildnis für Hornby so unbeschwert zu gestalten, wie es nur eine Indianerin versteht.
Wen wundert es, daß es Hornby zwischen 1908 und 1910 nur einmal in die bescheidene Zivilisation Fort Normans am Ufer des Mackenzie River zieht? Und selbst dann unternimmt er die strapaziöse Reise nach »draußen« eher aus einer Laune heraus, mehr um des Reisens willen als wegen einer materiellen oder psychischen Notwendigkeit.

Eine Indianerin aus den Northwest-Territories.

Melvill hat bei seinem Abschied Hornby den Rest seiner Vorräte, seiner Ausrüstung, die wenigen verbliebenen Handelswaren überlassen. Es ist Anfang Juli 1911. Hornby begleitet Melvill nach Fort Norman. Hier treffen sie eine Gruppe von drei kanadischen Prospektoren, Dr. Sandberg und die Brüder Douglas. Diese Männer wollen wissen, was es mit den Kupferfunden der inzwischen von der Bildfläche verschwundenen Copper-Indianer aus Hearne's Berichten auf sich hat.
Hornby fühlt sich nach Melvills Abzug als der Kleine König des Reiches der »Dünnen Stöcke« – des »Land of the Little Sticks«. – Er sieht den Einfall der drei in »sein« Territorium mit großer Besorgnis.
Bei einem Essen an Bord des in Fort Norman vor Anker liegenden Dampfers »Mackenzie« versucht George Douglas, alle möglichen Informationen aus den Teilnehmern der Melvill-Expedition herauszuholen. Doch da redet Melvill nur von seinen Moschusochsen, da hat sich Mackinley total besoffen, da ist Mc Cullum bereits zu anderen Ufern aufgebrochen, und Hornby taucht schweigsam und geistesabwesend seinen schmutzigen

Zeigefinger in die Zuckerdose, leckt ihn genüßlich ab, taucht ihn wieder hinein ...
Nein, Hornby gefällt das alles ganz und gar nicht. Er geht von Bord und spricht mit »seinen« Indianern. Die Indianer nicken Zustimmung. – Sie werden den neuangekommenen Bleichgesichtern nicht helfen. Bis endlich der Hudson's Bay-Manager Leon Gaudet eingreift. Er kann sechs der Indianer durch viel Geld und noch mehr gute Worte soweit bringen, daß sie den drei Weißen stromauf helfen.
Hornby sucht Verbündete, sucht ein Gegengewicht gegen die Invasion. Er findet es bei den Oblaten-Patern in Fort Good Hope, 150 Meilen unterhalb von Fort Norman. Bischof Breynat ist beglückt über Hornby's Absicht, den Kontakt zu den noch unbekehrten Eskimos herzustellen, bevor die rivalisierenden Anglikaner unter der energischen Führung ihres Bischofs Bompas den noch unbestellten Acker für sich beanspruchen.

Bischof Breynat schickt den jungen Missionar Rouvière »an die Front«, um sich der »armen Eskimoseelen« anzunehmen. Hornby befindet sich in einem Zwiespalt: Auch dieses Unternehmen geht ihm gegen den Strich. Er glaubt nicht, daß die Missionierung – nachdem Stefansson abgezogen ist – den Copper-Inuit zum Segen gereiche. Doch er sieht in einer Erzgrube eine noch schlimmere Bedrohung – und wählt das in seinen Augen kleinere Übel.
Mit Father Rouvière im Schlepptau kämpft sich John Hornby im Kielwasser der Douglas-Truppe den Great Bear River stromauf. Doch deren Vorsprung können sie bis Fort Franklin, bis zum Ausfluß des Great Bear River nicht aufholen.
Hier scheint Hornby's Impetus zusammenzubrechen. Solange er für sich selbst entscheiden kann, tut er es sofort und aus der instinktiven Eingebung des Augenblicks heraus – doch jetzt, wo er sich mit Father Rouvière verbündet hat, gebraucht er tausend Ausflüchte, um nichts zu tun.
Rouvière zieht mit einer Handvoll Indianer allein zum Ostufer des Sees. Als er dort ankommt, ist die Douglas-Truppe schon ein Stück weiter und bereits dabei, an

den Dismal Lakes ein Basislager auf dem Weg zum Coppermine einzurichten. Endlich erscheint auch Hornby auf der Bildfläche und bietet sich an, sein Scherflein zur Eskimo-Mission beizutragen. Zusammen mit dem Missionar treidelt er den Dease River stromauf. Sie treffen auf eine Gruppe Inuit. Die schlitzäugigen, wilden Männer, Frauen und Kinder wissen nicht so recht, was sie von dem Ganzen zu halten haben, doch das große, schwere Silberkreuz des Oblaten-Ordens scheint ihnen zu gefallen. Diese Leute – ein Repetiergewehr beweist es – hatten bereits Kontakt mit Weißen. Hornby kann sich irgendwie verständlich machen – nicht so der Geistliche. Die »armen, wilden Heiden« heben die Schultern hoch bis zu den ungewaschenen Ohren, bedauern herzlich und ziehen ab.

An einem See – Rouvière nennt ihn Dease Lake – findet das ungleiche Paar ein Gehölz und beginnt mit dem Bau einer Hütte. Kurz darauf verschwindet Hornby, ohne zu sagen, warum und weshalb. Vielleicht steckt er bei Arimo, deren Existenz er dem Père vorenthalten hat, vielleicht ist er auf einem Jagdausflug, vielleicht gibt es ein Eskimo-Mädchen. Hornby überläßt Pater Rouvière die ungewohnte Arbeit des Hüttenbaus. Nach Wochen taucht er urplötzlich, mit zwei Packhunden im Gefolge, im Basislager der Douglas-Brüder auf.

Der Kontakt ist viel freundlicher als bei der ersten Begegnung. Hornby sagt, daß er zu seiner Stammhütte am Great Bear Lake zurückkehren werde. Er läßt Rouvière allein. Irgendwann, gegen Ende Oktober, besinnt er sich auf den einsamen, unerfahrenen Priester in der menschenleeren Einöde. Mit seinem Hundeteam rückt er aus, den Father abzuholen. Die Douglas-Brüder schließen sich ihm an. Sie wollen Erfahrungen sammeln im Führen eines Hundeschlittens, im Reisen in der Wildnis, im subarktischen Winter überhaupt.

Es endet mit Hornby's überraschenden Entschluß, jetzt in der neuen Hütte am Dease Lake zu bleiben ... Die Douglas-Brüder nehmen den disillusionierten Missionar mit, zurück zum Great Bear Lake.

Spät im November brechen Rouvière und Dr. Sandberg auf, um nach Hornby zu sehen. Der Einzelgänger hat offensichtlich erstmal genug von der Einsamkeit. Er

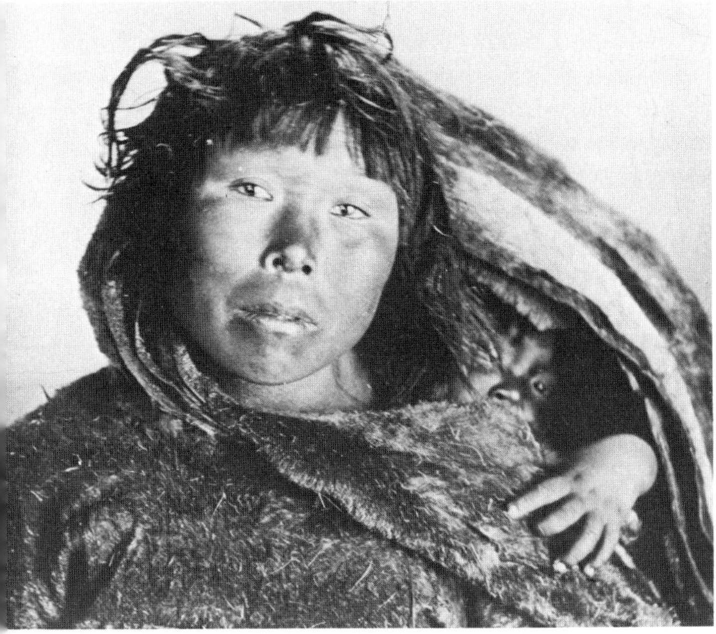

Eine Eskimo-Mutter mit ihrem Baby in der Kapuze

kommt ihnen bereits entgegen. Ende November sind alle am Great Bear Lake versammelt. Die Douglas-Gruppe lebt in einer warmen, gemütlich eingerichteten großen Blockhütte – Hornby und Rouvière hausen in der alten, schäbig gewordenen Melvillschen Behausung.

Hornby ist ständig auf dem Sprung, immer aktiv – ein Irrwisch. Ständige Beschäftigung ist, behauptet er, das einzige probate Mittel, gegen die Verwirrung des Geistes in der Einsamkeit anzugehen.

Trotz mancher Ungereimtheiten leben der kleine Mann und der Priester in gegenseitigem Respekt, während sich gleichzeitig eine eigene Art Freundschaft mit George Douglas entwickelt. Weihnachten feiern sie zusammen, speisen Hasenbraten, Plumpudding mit Blaubeermarmelade, geräucherte Caribouzunge, und zum Abschluß gibt's angesetzten Blaubeerwein.

Die Tage des Winters plätschern dahin – die der Douglas-Gruppe in ruhiger, sachlicher Routine, die des John Hornby in unsteten Umtrieben, die des Missionars in ungeduldiger Erwartung, endlich die »armen Heiden« bekehren zu können.

Alle wollen zum Coppermine: die Douglas-Truppe, um ernsthaft und nach wissenschaftlichen Methoden zu prospektieren; der Father, um »seine« Eskimos zu treffen; Hornby, um nicht die Kontrolle über das Geschehene, über »sein« Land zu verlieren. Für die Reise im subarktischen Spätwinter brauchen sie Hunde. Sie haben aber nur zwei. Hornby's Hunde. Der macht sich schließlich mit Rouvière nach Fort Norman auf, um eine Meute vierbeiniger Zugtiere zu beschaffen.
Hornby kehrt am 20. April allein zurück und bringt nur zwei weitere Hunde mit. Trotzdem brechen sie zum Coppermine River auf. Die Hunde ziehen, was sie können – den Rest schleppen die Männer. Dank der Orientierungsfähigkeit und der Systematik der Douglas-Brüder, ergänzt durch Hornby's unerschöpfliches Improvisations-Geschick, erreichen sie den Coppermine, dringen bis zum Arktischen Ozean vor, kommen mit Eskimos zusammen. Sie werden von einer Eingeborenen-Sippe zur Teilnahme an ihrem Festschmaus eingeladen.

Aber selbst Hornby wendet sich schaudernd ab. Fleischstücke undefinierbarer Provenienz und unbestimmbaren Alters, vermischt mit Schmeißfliegen und Caribou-Haaren, schwimmen in Tran und anderen Ingredienzen, über denen der Mantel des Geheimnisses besser ungelüftet bleibt. Hornby radebrecht mit beredter Zeichensprache etwas wie »unsere Bäuche sind leider viel zu klein für eure große Gastlichkeit« und von einem geheimnisvollen, schwerlastenden Tabu der Kabloonas – der fremden Weißen. Tabus – die kennen die Inuit. Trotzdem ist es ihnen unverständlich, daß solch ein herrliches Gulasch ungegessen bleibt.
In der zweiten Junihälfte sind sie alle zurück in ihren Quartieren am Great Bear Lake. Harte, strapaziöse, entbehrungsreiche Wochen liegen hinter ihnen – doch für alle Beteiligten war es eine unvergeßliche, eine herrliche Zeit.
Hornby ist zu der Überzeugung gekommen, daß von den Douglas-Brüdern und Dr. Sandberg, »seinem« Land, »seinen« Indianern und »seinen« Eskimos keine Gefahr droht. Der freundschaftliche Kontakt zwi-

schen George Douglas und John Hornby wird Zeit seines Lebens nicht mehr abreißen.

Nur Father Rouvière hat in Fort Norman den Anschluß verpaßt. Die armen Seelen der Inuit müssen sich weiter in Geduld üben, bis ihnen die Segnungen von Kirche und Zivilisation aufgepfropft werden können.

Als die Douglas-Truppe abzieht, übergibt sie dem zurückbleibenden Hornby die noch vorhandene Verpflegung, überträgt ihm das Nutzungsrecht der Hütten und der Ausrüstung. Zwar planen die zwei Douglas-Brüder und Dr. Sandberg, irgendwann noch einmal zurückzukommen, doch lehrt die Erfahrung, wie schlecht es mit der Realisierung solcher Absichten steht. Der eine hat sich einen Ochsen gekauft, der andere eine Frau genommen, der dritte ist in seinem Weinberg beschäftigt...

Im Sommer 1912 lebt Hornby wie die Made im Speck. Zusammen mit Arimo haust er in einem ungeheuren Komfort, den ihm seine Freunde hinterlassen haben. Seine Beziehungen zu den Eskimos verbessern sich

Moschusochsen – die urigen Wildrinder der Tundra

weiter, und es gelingt ihm sogar, den Inuit fünf Dutzend erstklassige Winterfelle von Moschusochsen abzuhandeln.

Father Rouvière am Great Bear Lake

Da erscheint plötzlich wieder Pater Rouvière auf der Bildfläche. In seiner Gesellschaft befindet sich ein zweiter Schwarzkittel – Father Le Roux. Bald stellt sich heraus, daß Le Roux ein barscher, unzugänglicher und dickköpfiger Zeitgenosse ist, dessen Ungeduld oft in Jähzorn explodiert. John Hornby wird keine halbe Unze Salz in Frieden mit ihm essen.

Die beiden Männer in der Soutane berichten von der großen, tragischen Katastrophe der Vorkriegszeit – vom Untergang der »Titanic«, bringen andere Neuigkeiten aus der Außenwelt. Schon bei diesem ersten Gespräch kommt es zum Streit. In Fort Norman haben die Douglas-Brüder auch den beiden Missionaren die Erlaubnis erteilt, im Notfall ihre Hinterlassenschaften nutzen zu dürfen. Le Roux verlangt in bester Tradition der allseligmachenden Kirche – »Wer das Kreuz trägt, segnet sich zuerst« – das gesamte Douglas-Erbe für die Mission.

Genauso energisch protestiert Hornby, zieht sich aber erstmal zurück – in Richtung Coppermine River. Die beiden Missionare folgen ihm ein Stück, nehmen mit einer Inuit-Gruppe Kontakt auf. Doch die Sprachbarriere ist zu hoch, die Metaphysik der Begriffe ist zu schwierig, um sie mit Gebärden und Handzeichen zu verdeutlichen. Es hilft nichts – wenn die beiden Seelenhirten Erfolg haben wollen, müssen sie die Sprache der Inuit erlernen. Ihr Plan ist gut ausgeklügelt: eine Familie ihrer künftigen Schutzbefohlenen soll an ihre Nähe gewöhnt, die Sitten und Gebräuche sollen studiert, die Sprache erlernt werden.

Als Gegenleistung verspricht Rouvière einem Inuk ein Gewehr. Für einen Eskimo ist die Waffe mehr wert als ein Schatz in purem Gold. Trotzdem klappt der Handel nicht.

Die Beziehungen der Geistlichen zu dem von Zeit zu Zeit auf der Bildfläche erscheinenden Hornby verschlechtern sich. Trotzdem sieht Father Rouvière ganz klar, daß es weniger die Allmacht des Himmels als der kleine Engländer ist, von dem Gedeih und Verderb – Erfolg oder Mißerfolg der Mission abhängt. Als Hornby im Oktober ernstlich erkrankt, pflegen ihn die beiden Priester. Sie pflegen ihn aus Nächstenliebe, aber auch aus dem Wissen, daß sie ohne Hornby diesem feindlichen Land so hilflos wie unmündige Kinder ausgeliefert sind.

Anscheinend haben auch die Eskimos das Ihrige zur Genesung der schweren Lungenentzündung von Hornby beigetragen. Jack berichtet später von einem hübschen Inuk-Girl, das ihn in selbstloser Pflege wieder auf die Beine brachte. Was der gestrenge Father Le Roux – was Arimo – dazu sagten, ist nicht überliefert. Wie dem auch sei – irgendwann macht das Eskimo-Mädchen wieder Platz für die indianische Gefährtin. Prompt mischt sich Le Roux ein. Er macht wegen ihres Arrangements »à la mode du pays« Hornby und Arimo bittere Vorhaltungen.

Da solch rücksichtslose Fanatiker wie dieser Pater immer schon wußten, wo sie den Hebel anzusetzen hatten, malt der Schwarzkittel der naiven Indianerin in den düstersten Farben das Menetekel der ewigen und unent-

rinnbaren Höllenstrafen für dieses in den Augen der Kirche sündige Leben an die Wand. Arimo ist so eingeschüchtert, daß sie Hornby von ihrem Lager verscheucht. Der Rausschmiß erbittert den kleinen Engländer so sehr, daß Le Roux' »physische Integrität«, wie er sich ausdrückt, am seidenen Faden hängt.
Wie Sternenbilder am Nachthimmel umkreisen sich die beiden Priester, Hornby, die nomadisierenden Indianer und die mehr und mehr Zutrauen gewinnende Eskimo-Sippe. Es explodieren weder wechselseitige Feindschaften, noch binden erkennbare Freundlichkeiten. Als die Weißen wieder einmal mit der Eskimo-Sippe ein gemeinsames Camp aufgeschlagen haben, stiehlt der Inuk Sinnisiak Hornby's Büchse. Das bedeutet höchste Gefahr für Leib und Leben der Kabloonas – der Weißen. Hornby ist nicht der Kerl, kleinbeizugeben. Schnurstracks marschiert er in das Zelt des Übeltäters, sucht, wirft alles durch- und übereinander, bis er die Waffe gefunden, wieder an sich genommen und dem Eskimo Sinnisiak unmißverständlich gedroht hat, ihn im Wiederholungsfalle über den Haufen zu schießen.
Das ist ein deutlicher Hinweis, daß mit dem »Kleinen Vater«, wie die Eskimos Hornby nennen, nicht gut Kirschen essen ist. Bei seinem Clan hat Sinnisiak sein Gesicht verloren. Wenn es nicht der »Kleine Vater« ist, auf dessen Kosten er sein Ansehen wieder erlangen kann, dann ist es vielleicht ein anderer der Kabloonas...
»Diese Schwarzkittel wollen uns Inuit an den Freuden des Paradieses teilhaben lassen ... wenn da nicht umgekehrt auch ein Schuh draus wird ...«, mag Sinnisiak geknurrt haben. John Hornby warnt die beiden Priester eindringlich. Der »Kleine Vater« kennt seine Pappenheimer.
Im Sommer 1914 bricht Hornby nach Fort Norman auf. Er hat eine Menge Felle erbeutet, hat noch mehr eingetauscht. Er muß das Ergebnis seiner Mühen in die Zivilisation schaffen; er braucht neue Ausrüstung, Verpflegung, Fallen und Munition.
Doch sein Boot scheitert in den tückischen Gewässern des Great Bear Lake, kentert in einem plötzlich aufspringenden Sturm. Es wird aufs Ufer geworfen. Die Besatzung – Hornby und eine Gruppe Indianer –

kommt gerade noch mit dem nackten Leben davon. Der kleine Engländer steht nach sechs Jahren Wildnisleben mit leeren Händen da. Unter großen Mühen und Strapazen schlagen sich die Schiffbrüchigen nach Fort Norman durch. Die zurückgebliebenen Missionare Rouvière und Le Roux lassen sich nicht davon abbringen, »die armen Seelen der unwissenden Heiden der sündhaften Dunkelheit ihres Daseins zu entreißen und dem Licht des Glaubens zuzuführen«. Die beiden Patres sind von ihrem Sendungsbewußtsein vollkommen durchdrungen.
Es dauert Jahre, bis die Außenwelt wieder etwas von ihnen hört. Über den »Moccasin-Telegraph« kommt die Meldung, an der Mündung des Coppermine River würden ein paar Eskimos in schwarzen Priestergewändern einherstolzieren und Seehundsblut aus Meßkelchen trinken. Inspektor Denny La Nauze von der Royal Canadian Mounted Police erhält den Auftrag, den Gerüchten nachzugehen und Nachforschungen über den Verbleib der beiden Vermißten anzustellen.
La Nauze zieht in die Wildnis – und bleibt ebenfalls für ein Jahr verschwunden. Im Frühjahr 1916 taucht der RCMP-Inspektor wieder auf – mit zwei wildblickenden, in speckig-tranige Felle gekleideten Inuit, mit Sinnisiak und Uluksuk. Mit den beiden Mördern der Mis-

Der Mörder Sinisiak bei seiner Festnahme …

… und mit seinem Komplizen und Inspektor La Nauze später in Edmonton. Beide Eskimos kamen mit geringen Strafen davon.

sionare Le Roux und Rouvière. Der Polizist La Nauze hatte eine jener tollkühnen Unternehmungen hinter sich, die die legendäre Effektivität dieser Truppe begründeten.

Hornby ist inzwischen von einem jahrelangen Trip ins Mackenzie-Delta nach Edmonton zurückgekehrt.

Edmonton, Alberta – das ursprünglich nicht mehr als zwei- oder dreitausend Einwohner zählende Nest ist aus allen Nähten geplatzt. Für Hornby ist die Stadt ein furchteinflößendes, hektisches, von unbekannten Menschen wimmelndes Gebilde geworden.

Aber nicht nur Edmonton hat sich geändert – der ehemals so weltgewandte Engländer ist zweifellos inzwischen das, was man im Norden als »bushed« bezeichnet. Er findet sich in der Zivilisation nicht mehr zurecht, er ist verwirrt, verstört, agiert mal aggressiv und mal furchtsam – unnormal im Sinn der übrigen Menschheit. Als er beim Postamt Briefe abgeholt hat, läßt er sich draußen im Sonnenschein auf dem belebten Bürgersteig nieder; er legt sich hin, um in dieser bequemen Position alles in Ruhe zu lesen. Hornby weiß weder mit sich selbst noch mit seiner Umwelt etwas anzufangen.

Aus seiner Verstörung sucht er einen Ausweg. Er findet ihn in der falschen Richtung. Er meldet sich zum Militär.

Jack Hornby als Soldat der Imperial Army

Durch Ausbildung und Herkunft prädestiniert, hätte er eine Offizierskarriere einschlagen können – doch er dient erstmal in einem kanadischen Regiment als Gemeiner. Er wird nach England verschifft, wo er mit seinem Freund aus glücklicheren Great Bear Lake-Tagen, mit George Douglas, ein Treffen verabredet. Als Rendezvous haben die beiden das Royal Paddington Hotel ausgemacht.
George Douglas schreibt später: »Ich kam gerade noch rechtzeitig, um gegen den Hinauswurf einer sich heftig sträubenden, chaplinesken Figur zu protestieren, die in einer Kleidung steckte, wie sie selbst am Großen Bären-See deplaciert gewesen wäre. Der von den Hotelangestellten mit so wenig Respekt behandelte Typ war kein anderer als Jack Hornby. Mit viel Mühe, gutem Zureden und noch mehr Trinkgeld gelang es mir, meinen Freund in eine dunkle, von den Blicken der übrigen Besucher abgeschirmte Eckte des Restaurants zu bugsieren und dort mit ihm zu essen.«
Genauso unorthodox wie in Zivil agiert Hornby auch in Uniform. Nur bei seinen Kameraden steht er als unerschöpfliche Quelle verrückter Stories aus dem exotischen Norden Kanadas in höchstem Ansehen.
Wie er den Krieg als mit dem Military Cross ausgezeichneter Offizier beenden kann, ist ein bis heute nicht gelüftetes Geheimnis. Lediglich eine Episode ist überliefert: Als er an der Front den Befehl erhält, als Scharfschütze gegnerische, also deutsche Soldaten unter Feuer zu nehmen, weigert sich Hornby – »es ist unsportlich, nichtsahnende Menschen zu beschießen«. In anderen Armeen hätte diese Befehlsverweigerung Kriegsgericht, womöglich standrechtliches Erschießen bedeuten können. Doch die »Tommies« scheinen sich selbst im unbeschreiblichen Grauen eines Weltkrieges einen Rest von »sportmanship« und »fair play« bewahrt zu haben.
In den Bulletins der Stabsärzte ist von einer Fleischwunde in Hornby's Rücken die Rede. Während des Genesungsurlaubs setzt er sich nach Kanada ab, taucht dort erstmal unter. Kanada ist eine an der Seite Englands

kriegführende Nation, im Sinne des Gesetzes ist Hornby fahnenflüchtig. Auch das kann ihn Kopf und Kragen kosten.
Aber die »Old Boys«, die Alten Herren der berühmten Colleges lassen einen der Ihren so leicht nicht verkommen. Als Hornby wieder auftaucht, findet sich ein einsichtiger Militärarzt, schreibt seinen Patienten permanent dienstuntauglich und erwirkt dessen ehrenhafte Entlassung aus der Imperial Army.
Der Krieg hat – wie sovielen Männern – nicht nur seiner Physis zugesetzt, noch mehr hat er Hornby's Psyche verletzt. Obwohl er noch an den Folgen seiner Verwundung leidet, flieht er in sein Königreich der »Little Sticks« an den Great Bear Lake. Das vordem so einsame und jungfräuliche Land ist nicht mehr das, was es war. Fremde Trapper, Prospektoren sind hinzugekommen. Sie sehen ihn als Eindringling an. Soweit sie überhaupt Notiz nehmen von dem abgerissenen Einzelgänger, der fast ohne Ausrüstung und Verpflegung unstet herumzieht, der von der Hand in den Mund lebt. Die Indianer und Eskimos wenden sich von ihm ab. Selbst für die Armen der Wildnis ist er zu einem Habenichts hinabgesunken, zu einem uninteressanten Partner – zu einem, der in Notzeiten gar zur Belastung werden könnte.
Der schlimmste Schlag für Hornby ist jedoch, daß seine indianische Gefährtin Arimo seine Rückkehr nicht geduldig abgewartet, sondern sich einem anderen Mann zugewandt hat. Wieder einem Weißen – dem Iren D'Arcy Arden. Berichte deuten auf ein Dreiecksverhältnis hin. Zumindest Arimo erinnert sich später mit sichtlichem Behagen an diese schönen Zeiten. Doch als D'Arcy die so begehrte Indianerin heiratet, hat der Spaß ein Ende – zumindest für Hornby.
Seine Abreise im Sommer 1918 aus dem »Land of Feast or Famine« – aus diesem Land, wo entweder Völlerei oder Hungersnot das Gebot der Stunde ist – ist eher eine Flucht. Hornby wird nicht mehr in das Königreich der Kleinen Stöcke, in das Grenzland zwischen dem Großen Bärensee und der Tundra zurückkehren. Aber mit dem Begriff »Feast or Famine« hat sich der »Little Father« der Eskimos ein oft zitiertes literarisches Denkmal gesetzt.

Jack Hornby ist verletzt, enttäuscht, verbittert. In Edmonton rafft er hastig eine neue Ausrüstung zusammen. Wenn's der Great Bear Lake nicht ist, dann werden es die wirklichen Barren Grounds sein – die menschenleere Tundra östlich des Great Slave Lake. Hornby hat die Gegend um den Artillery Lake, 25 Meilen östlich des Great Slave Lake, im Visier. Über Pike's Portage ist diese Region wesentlich leichter zugänglich als der Große Bären-See oder gar der Coppermine River.
Ende des vergangenen Jahrhunderts sind die Tyrrell-Brüder mit ihren Métis-Begleitern hier durchgezogen; da hat Hanbury gejagt genau wie Warburton Pike, während Buffalo Jones versucht hat, Moschusochsen für den New Yorker Zoo einzufangen. Aber ihre Reisen und Berichte sind in Vergessenheit geraten. Für 99,9 % aller Kanadier ist diese Gegend unbekannter und genauso uninteressant wie die Rückseite des Mondes.
Anfangs der zwanziger Jahre streifen hier allenfalls ein paar Handvoll jagende Dogrib-Indianer. Für Hornby hat es den ungeheuren Vorteil, daß es das Tor zu seinem vermeintlichen Dorado ist, zu den menschenleeren Barren Grounds – zur Tundra. Noch im Herbst 1919 bricht er auf, wählt diesmal die Route über den Peace River. Zum Reisen per Kanu ist es zu spät, viel zu spät. Auf den Flüssen formt sich bereits Eis, und Hornby hat nicht einmal den Lake Athabaska erreicht – da geht nichts mehr, er ist eingefroren.
»Er hat in der Uferbank in einer Wolfshöhle überwintert«, behaupteten die Oldtimer, die ihn kannten, steif und fest. Nein, das ist Legende – das ist nicht einmal einem Hornby zuzutrauen.

Fußball in den Northwest-Territories – ein seltenes Ereignis

Im Frühjahr taucht er in Fort Chipewyan auf und kann der Versuchung nicht widerstehen, an einem Fußballspiel auf dem Eis teilzunehmen. Das Spiel wird anläßlich des 250-jährigen Jubiläums der »Company of Adventurers of England Trading into Hudson's Bay« ausgetragen. Es ist ein riesiger, wilder Spaß für die heimwehkranken Schotten und Engländer – aber auch eine Gelegenheit, die uralte Erbfehde wieder aufflackern zu lassen. Die Schotten hauen drauf, als könnten sie die Schmach ihrer Niederlage bei Culloden wettmachen. Hornby – der am wenigstens dafür kann und einmal mehr auf der falschen Seite steht – bricht ein Bein.
Die Verletzung kann ihn nicht aufhalten; er läßt sich den zerschmetterten Knochen schienen und reist per Hundeschlitten weiter. In Fort Resolution an der Mündung des Slave River in den See gleichen Namens steigt er in ein Kanu um. Von hier sind es noch etwa 250 Meilen bis zu dessen Ostende.
Zu Beginn ist der See offen wie das weite Meer, der Kanufahrer muß vorsichtig an der Küste entlangschleichen. Doch danach füllt sich der östliche Teil des Great Slave Lake mehr und mehr mit hohen, steilufrigen Felsinseln, Halbinseln, formt sich zu einem verwirrenden Labyrinth von Fjorden, Sunden, Buchten und allen möglichen Sackgassen, wo der Ortsunkundige durchaus den größeren Teil des Sommers mit der Suche nach der richtigen Passage verplempern kann.
Genauso scheint es Hornby ergangen zu sein – denn erst Anfang September 1920 taucht er am Fond du Lac, am Ende des Sees, auf. Es ist eine landschaftlich reizvolle Gegend. Warburton Pike beschreibt sie in seinem 1890 erschienenen Buch »The Barren Grounds of Northern Canada« so:

»Lichtes Gehölz von Fichten und Birken bedeckt die sanft abfallenden Hänge bis hinunter zu den Sandstränden am Seeufer. Hier wachsen alle Arten von Beeren in phantastischem Überfluß; die Portagen sind kurz und es geht stromab; über die Hügel ziehen Caribous oder sie schwimmen vor einem über die offenen Wasserflächen. Es ist genauso, wie man sich ein nordisches Märchenreich vorstellt. Man mag kaum glauben, daß Kälte, Winter

und Entbehrung hier überhaupt Zugang haben, doch mein indianischer Begleiter Pierre Le Fou zeigte mir an einem blauen Bilderbuch-See einen Camp-Platz, wo noch zu seinen Lebzeiten der blanke Horror, wo Hungerstod und Kannibalismus ihre grausige Ernte nahmen.«

Ein „Gentleman-Hunter" in Pose, in der Winterlandschaft an der Baumgrenze

Die Landschaft hat sich seit Warburton Pike nicht geändert. Aber vom Millionenheer der Caribous sind nicht einmal ein paar versprengte Exemplare übriggeblieben.

Jacks Beinbruch ist noch nicht ausgeheilt. Selbst für einen Kerl, der sowenig Rücksicht auf sich nimmt wie der unverwüstliche »Little Father«, ist der Angriff auf Pike's Portage und der Vorstoß zum Artillery Lake kein Thema. Er muß sich für den Winter in der Nähe von »Fort Reliance« einrichten. Was sich so hochtrabend nach »Fort Zutrauen« anhört, das sind nur noch die Reste der gemauerten Kaminstümpfe des von Capītain George Back während der Franklin-Expedition 1833 errichteten Winterquartiers. Hornby bleibt nichts anderes übrig, als sich selbst eine Hütte zu bauen, mit seinem Handicap eine schwierige, zeitraubende, peinvolle Aufgabe. Er hat kaum Vorräte, hofft aber trotzdem – wenn auch knapp – über den Winter zu kommen. Von den hier durchziehenden Indianern plant er Caribou-Fleisch und Pemmican gegen Tabak und Tee einzutauschen. Der Great Slave Lake ist bekannt für seine guten Fischgründe, und dann hat er seine Trapline, die ihn im Winter mit nicht eben delikatem, aber doch lebensnotwendigem Fleisch versorgen könnte. Nicht zuletzt vertraut Hornby wie üblich auf seine Improvisationskunst und auf das Glück, das ihm in letzter Minute ein verirrtes Caribou, einen Elch oder sonst ein Wildbret vor die Flinte treiben würde.

Es wird Ende Oktober, bis er seine Hütte fertig hat – einen winzigen Unterschlupf von 1,8 x 2,4 m im Geviert. Die Verpflegung wird knapp für den Mann und noch knapper für die Hunde, da das Fischen entgegen allen Erwartungen kaum etwas einbringt. Ein Hoffnungsschimmer taucht mit einigen Indianern auf, doch die armen Teufel sind selbst nur noch Haut und Knochen und Hornby teilt Mehl, Zucker und Tee für sie ab. Er gibt großzügig ohne die geringste Gegenleistung.

Danach klopft der schlimmste Winter seit Menschengedenken mit seiner Knochenhand an die Tür der kleinen Hütte. Jack führt Tagebuch, wenn auch – wie alles andere – ohne System und sehr unregelmäßig. »Ich fühle mich nur dann in Schreiblaune, wenn die Aussichten noch schlechter als sonst sind.«

Bei den Indianern spricht sich Hornby's Generosität herum. Wochenlang lungern sie in seiner Nähe und ge-

hen ihn immer wieder um Mehl und Zucker, Tabak und Tee an. Hornby hat selbst kaum noch etwas. Er glaubt, die Roten seien immer noch in besserer körperlicher Verfassung als er selbst.
Es ist ein Teufelskreis des Hungers, in dessen Zentrum er sitzt und aus dem es keinen Ausbruch gibt. Als Köder für Forellen braucht er Weißfische, doch die Weißfische fängt man nur im Herbst, wenn das Wasser noch offen ist. Ein wichtiges Glied der Kette – das Horten von Köderfisch – ist Hornby durch die Finger geglitten, als er seine Hütte baute. Also fängt er kaum Forellen. Die geringe Beute ißt er selbst, die Innereien und Köpfe verschlingen die Hunde. Für seine Tellereisen, für die Tierfallen braucht er Forellen als Köder.
Ohne Köder keine Pelztierbeute, ohne Beute auch kein Fleisch für den Mann, kein Gescheide für die Hunde. Halbverhungerte, entkräftete Hunde sind nicht in der Lage, einen Schlitten zu ziehen, deshalb bleiben die geplanten Jagdausflüge zur Suche nach Caribous, der wichtigsten Fleischquelle, reine Illusion.
Die Indianer haben mit der Jagd ebenfalls kein Glück. Sie hoffen auf die in ihren Augen unerschöpflichen Hilfsmittel des Weißen. Also bleiben sie ebenfalls in dieser Region, die das Caribou während seiner ruhelosen Wanderungen im Winter kaum berührt. Die Roten geraten mit in den Teufelskreis hinein, drehen sich mit im Valse macabre, im Totentanz. Hunger, Entbehrung, Entkräftung schwächen den Unternehmungsgeist, führen zur Apathie. Zur Apathie auch bei den Roten – und das ist Hornby's Glück. Sonst hätten sie Gewalt gebraucht nach der Devise »du oder ich«, hätten sich des Weißen lächerliche Überbleibsel an Mehl, Zucker, Tee angeeignet.
Es sind die Forellen, die Hornby's, es sind die wenigen Hasen, Schneehühner, Häher, Eichhörnchen, die der Indianer Lebenslicht auf winziger Flamme noch eben flackern lassen.
Endlich ziehen die Rothäute ab. Jack ist erleichtert: Wenigstens der Anblick dieses Elends bleibt ihm erspart. Er selbst ist nur noch Haut und Knochen, durch die der Wind – wie durch ein Skelett – hindurchpfeift. Die einzige Wohltat ist die Wärme der kleinen Hütte.

Kurz nach der Abfahrt der Indianer schreibt er in sein Tagebuch:

Feast or Famine – eine einzige Forelle konnte den Unterschied zwischen Leben und Tod bedeuten.

»Heute nacht habe ich alles geordnet – alles kann jederzeit passieren. Es ist ja so leicht, sich einfach hinzulegen und ganz aufzugeben. Wieviel schwerer ist es, sich immer wieder hochzureißen und einen neuen Versuch zu machen, sich doch noch am Leben zu erhalten.«
Aber die Tage werden länger und wärmer und die Sonne läßt Hoffnung aufkommen. Zweien seiner Hunde hat Hornby bereits den Gnadenschuß gegeben, jetzt tötet er den dritten.
Mit dem abrupt und machtvoll einsetzenden Frühjahr lockert der Hunger seine eisernen Fesseln. Jack kann einige Enten und Gänse schießen, kann Eier sammeln, fängt zwischendurch eine Forelle von dreißig Pfund! Gegen alle Einsicht und Erfahrung überfrißt er sich, wird tagelang von Magenkrämpfen geschüttelt, windet sich vor Schmerzen auf dem Lager.
Am 20. Juni ist der See endlich eisfrei. Ein klapperdürrer Hund – der einzige Überlebende von vieren – und ein abgezehrter, kleiner Mann, der aussieht wie der Tod auf Urlaub, besteigen ein Kanu und begeben sich auf den Weg nach Fort Resolution. Am 10. Juli treffen sie ungeheuer schwach, aber lebend ein. Es dauert drei, vier weitere Wochen, bis Jack Hornby und sein vierbeiniger Leidensgefährte halbwegs wieder zu ursprünglicher Kraft zurückfinden.

Im Spätsommer 1921 versucht John Hornby es noch einmal, und im Winter ist er offensichtlich zu seinem Ziel, dem Artillery Lake, vorgestoßen. Er kann oder will sich dort nicht halten – bei ihm weiß man das nie genau. Es ist müßig, über seine Beweggründe zu rätseln. Bekannt ist, daß er einen weiteren Winter der Entbehrungen, des Hungers, des knappen Entrinnens erlebt und überlebt. Sein Befinden ist kaum weniger kritisch als im Jahr zuvor, als er im Frühjahr 1922 langsam nach Edmonton zurückdriftet.
In seiner Auseinandersetzung mit dem Norden hat er einige herbe Niederlagen einstecken müssen. Er ist dem Tod mehrmals von der schon bereitgehaltenen Schippe

gesprungen. Aber er ist nicht daran zerbrochen und erst recht nicht bereit, aus seinem nebulösen Traum zu erwachen.

In Edmonton hängt er unschlüssig herum, ein trauriger, exzentrischer Clown, von vielen belacht und verachtet, von einigen bemitleidet und von kaum jemand verstanden. Im Edmonton dieser Zeit herrscht Pioniergeist, Aufbruchstimmung – sentimentale Gefühle sind fehl am Platze.

Hornby verdingt sich als Jagdführer in den Rocky Mountains, kehrt nach Edmonton zurück und trifft dort im Frühherbst 1923 einen jungen englischen Landsmann: James Charles Critchell-Bullock.

Es ist die klassische Begegnung zwischen Gentleman und Tramp. Zumindest in bezug auf die Äußerlichkeiten: Hier der stattliche, gutgekleidete Captain der Imperial Army James Charles Critchell-Bullock, der in Indien und Frankreich gekämpft und sich mit Lawrence of Arabia in Palästina seine Meriten erworben hat, dort der abgerissene, an Charlie Chaplin erinnernde, spuchtige Stromer, den nur die Bruderschaft der Oldtimer und deren Verbündete vor dem Hinauswurf bewahrt.

Als der Tramp einen Drink bestellt, entdeckt der distinguierte Gentleman eine überraschende Gemeinsamkeit – aus der Art, der Wahl der Worte, aus einem nur den wirklich Dazugehörigen vorbehaltenen Dialekt.

Critchell-Bullock hört die gute Herkunft, die exklusive Public-School-Ausbildung des anderen heraus. Was John Hornby darstellt, wie auch immer er auftritt – die Bande der »Old Boys« kitten fester als Pech und Schwefel. Das Zusammengehörigkeitsgefühl, tief im Mutterland England verwurzelt, fegt alle Äußerlichkeiten als unbedeutend vom Tisch.

Umgekehrt gewinnt auch Hornby Zutrauen und beginnt zu erzählen – von »seinem« verlorenen Königreich, dem Land of the Little Sticks, von »seinen« Indianern, von den Begegnungen mit den Eskimos, von »seiner« Arimo. Der kleine Mann malt aus, wie er der Hölle des Winters entronnen und wie wenig ihm ein durchschnittliches Fegefeuer würde anhaben können.

Hornby teilt sich weiter mit, redet von seinen Enttäuschungen, aber auch von seinen Hoffnungen, irgendwo

östlich des Großen Sklaven-Sees wirklich jungfräuliches Land zu betreten, das Geheimnis der Caribou-Wanderungen zu lösen – kurz, eine naturwissenschaftliche Expedition von unbestimmter Dauer in den Barren Grounds durchzuführen.
Critchell-Bullock spürt die große, traurig-verzweifelte Ernsthaftigkeit des abgerissenen Mannes an seinem Tisch. Er fühlt dessen trotz aller Fehlschläge erstaunliche Kompetenz. Er glaubt, mit seiner eigenen Geduld und Überzeugungskraft die verrückte Spontaneität des Mannes, seine Desorganisation überwinden und seine Verhaltensweise in geordnete Bahnen lenken zu können. Er sieht, aufbauend auf die einzigartigen Erfahrungen und Qualitäten Hornby's, das Gelingen einer solchen Expedition vor Augen, sieht den großen Wurf, sieht Ansehen, Prestige und finanziellen Erfolg. Hier bietet sich die große, von ihm so sehr gesuchte, ja ersehnte Herausforderung.

Er spürt aber auch, daß er sich diesem Irrwisch von einem Mann ausliefern wird – sich ihm ausliefern muß.
Noch an diesem Abend wird die eben geborene Idee einer mehrjährigen Expedition durch die kanadischen Barren Grounds weiter ausgebaut. Critchell-Bullock wird sich um den organisatorischen Teil und die Finanzierung kümmern.
Als Generalprobe machen die Beiden einen Jagdausflug in die Rocky Mountains.
Der Jagdausflug holt die beiden so verschiedenen Old Boys auf den Boden der Tatsachen zurück. Critchell-Bullock sieht manch schlimme Befürchtung, aber auch manch Positives bestätigt. Das Wichtigste ist die Erfahrung und auf sonst unabdingbare Hilfsmittel, auf vorsorglich eingebaute Sicherheiten, auf Planung überhaupt zu verzichten. Auf der Gegenseite registriert der einstige Offizier den sicheren Instinkt seines Partners, seine offenkundige Unempfindlichkeit gegen Nässe und Kälte, bewundert die Kraft und die Ausdauer dieses Hundert-Pfund-Irrwisches. Er sieht, wie jeder seiner Handgriffe sitzt – soweit er sich überhaupt die Mühe macht, einen Handgriff zu tun.

Bullock erfährt weiter, daß Hornby's Unabhängigkeit niemals und gegen nichts eintauschbar ist, daß diese Unabhängigkeit des Denkens nicht geringsten Anspruch auf Rationalität beinhaltet, daß Rücksichtnahme, Zuverlässigkeit und zivile Umgangsformen für seinen Partner längst vergessene Fremdworte sind.
Selbst nach dieser ernüchternden Erfahrung hat die von Hornby ausgehende Faszination Bestand.
Bullock fühlt sich stark genug, mit allen Unwägbarkeiten fertig zu werden. Doch bevor die beiden Expeditionspartner das Startband zerschneiden können, gibt es weitere Komplikationen.
In Hornby's Entourage ist die junge und hübsche Olwen Newell aufgetaucht. Sie macht – ungewollt – die Inkoherenz von Hornby's Dasein zum kompletten Chaos. Hornby unterbreitet der über zwanzig Jahre jüngeren Frau den überraschenden – und man kann es drehen, wie man will, auch verantwortungslosen – Vorschlag, die Expedition mitzumachen. Auch Olwen kann sich der irrationalen Faszination der Hornbyschen Persönlichkeit nur schwer entziehen. Dann aber siegt ihr Selbsterhaltungstrieb und sie lehnt dankend das Angebot ab – ohne sich von Hornby selbst zu lösen.
Bullock will sichergehen. Er engagiert das junge Ehepaar Jack und Mira Glenn als Mitarbeiter. Zuerst ist Hornby von der Idee angetan: Mira könnte als die Chaperone Olwens agieren. Das gäbe ihm die Möglichkeit, die junge Frau mitnehmen zu können, ohne sie gleichzeitig zu kompromittieren – und ohne den Vorschlag zur Heirat machen zu müssen. Dann entdeckt Hornby, daß Jack Glenn braune Augen hat. Von einem Mann mit braunen Augen würde er sich nicht mal den Koffer tragen lassen. Nach Hornby's Ansicht symbolisieren braune Augen das Desaster und winken es geradezu herbei.
Irgendwann reißt Critchell-Bullock der Geduldsfaden. Dieser Hornby muß verrückt sein, total verrückt. Er startet seine Expedition allein mit dem Glenn-Ehepaar als Hilfstruppe. Hornby verspricht, nachzukommen. Einmal mehr spürt der kleine Mann, daß er mit Edmonton auf Dauer genausowenig anfangen kann wie ein Eskimo mit einem Eisschrank. Sein Platz ist im Norden, ist

weit weg von dem in seinen Augen unsinnigen, geschäftigen Gedränge dieser Stadt, ist irgendwo in der Wildnis. Selbst wenn er die Einsamkeit mit jemandem, wie in diesem Falle mit Critchell-Bullock, teilen muß. Allerdings mit einem Braunäugigen wie Jack Glenn wird er das nicht tun – ein John Hornby läuft doch nicht mit offenen Augen ins Verderben!

Irgendwo am östlichen Ende des Großen Sklaven-Sees treffen sich zwei kleine Kanu-Flottillen. Die eine ist die dreiköpfige Critchell-Bullock-Expedition, die andere ist Hornby in Gesellschaft von vier Trappern, die er aus den glücklicheren Great Bear Lake-Tagen kennt. Das Team besteht aus den beiden unzertrennlichen Stewart-Brüdern, aus Al Greathouse und einem Cheechako, einem Grünschnabel namens Buckley.
Trotz aller bösen Erfahrungen und Bedenken ist Bullock unendlich erleichtert. Auch wenn Hornby die Ge-

Ein Trapper treidelt sein Kanu stromauf.

sellschaft der vier Trapper seiner und erst recht der Glenns vorzieht.
Bullock ist so auf Hornby fixiert – ob der nun verrückt ist oder nicht –, daß er das Gelingen der Expedition von niemand und nichts anderem als dessen Person abhängig macht. Er kommt ihm soweit entgegen, daß er die Glenns in »Fort Hornby« als Relaisstation zur Zivilisation zurückläßt. Danach beginnen die Männer, ihren Outfit über Pike's Portage zu schleppen. Wie der Chilkoot Trail im Westen – zu den Goldfeldern des Klondike im Yukon – so ist Pike's Portage hier im Nordwesten die einzige Kerbe in der riesigen Granit-Mauer, die das Landesinnere zugänglich macht.
Doch damit endet jeder Vergleich. Der Chilkoot ist die Hölle, Pike's Portage ist allenfalls ein Fegefeuer. Dreieinhalb Meilen, etwas über fünf Kilometer weit ist es bis zum ersten von einer Kette von acht Seen zwischen dem Slave und dem Artillery Lake. Von diesen 25 Meilen können etwa 20 auf dem Wasserweg zurückgelegt werden. Aber die Strecke muß nicht nur einmal, sie muß ein gutes Dutzendmal gegangen werden.
Wieder zeigt sich Hornby den anderen, den größeren und stärkeren Männern überlegen. Er schleppt die schwereren Lasten, er schleppt sie weiter, er schleppt sie schneller als die anderen. Er weigert sich aber, das wissenschaftliche Gerät, die Filmausrüstung mitzunehmen und vertröstet Bullock auf später. Jetzt, wo er die Tür zu »seinen« Barren Grounds aufgestoßen hat – was soll er sich da mit so unnützem Zeug wie Kamera und ähnlichem belasten? Daß das Leben nach der Beendigung dieser Reise weitergeht, das kümmert Hornby nicht.

Gestern ist Asche, morgen ist Holz, nur heute brennt das Feuer.

Das ist der indianische, das ist auch Hornby's Lebensgrundsatz. Für Bullock ist es ein schlimmer Alptraum. Seine Muskeln sind zum Zerreißen gespannt, seine Lunge pfeift, er ringt nach Atem, wischt sich den Schweiß, stolpert weiter. Der Captain der Imperial Army fühlt sich als gelber, stinkender Kuli. Vor ihm hüpft dieser Satansbraten von Hornby mit der Leichtigkeit eines Irr-

Critchell Bullock, für den Winter bestens gerüstet

lichts über Stock und Stein, dabei singend, pfeifend, unermüdlich und uneinholbar. Wenn nicht verrückt, dann ist er mit dem Teufel im Bunde, denkt Bullock erschöpft zwischen zwei Atemzügen.

Ihnen entgegen kommt eine Rotte Dogrib-Indianer. Rote und Weiße verfallen sofort in ein für den Captain unverständliches Palaver. Hornby verteilt großzügig Tee, Tabak, Mehl, Zucker. Bullock erwartet, daß die Roten ihnen bei der Schlepperei helfen. Sie tun es nicht. Hornby's Großzügigkeit auf Bullocks Kosten ist frei von Kompensationsgedanken. Er muß verrückt sein, uns all die Herrlichkeiten für nichts und wieder nichts zu überlassen, denken auch die Indianer.

Nach einer Woche ist die Expedition am riesigen Artillery Lake angekommen. Er ist größer als unser Bodensee und doch nur einer von vielen. Die Baumgrenze quert das kleine Binnenmeer.

Irgendwo noch innerhalb des Landes Dechinuway, wie die Dogribs das Territorium der »little sticks« nennen, müßten sie ihre Winterquartiere aufschlagen. Ein wenig

Schutz, Bau- und Feuerholz sind im subarktischen Winter unabdinglich. Schneehäuser, Iglus, können sie unter den hiesigen Verhältnissen nicht bauen. Die einzige Alternative wäre eine Höhle.
Genau das ist Hornby's Idee. Er will in den baumlosen Barrens überwintern.
Ein Experiment, eine Laune? Oder nichts von alledem – nur eine schlichte Unüberlegtheit? Ist der Kerl wirklich verrückt? In anderen Momenten sagt sich Bullock trotzig: Wenn ein Hornby das durchsteht, dann wird ein James Charles Critchell-Bullock es ebenfalls schaffen! Auf der anderen Seite ist er auf die Erfahrung und das Durchhaltevermögen des Partners angewiesen. Ging in Edmonton nicht die Mär um, Hornby hätte – oben am Peace River, als der Freeze-up ihn überraschte – schon mal in einem Wolfsbau überwintert und das Ganze in guter Gesundheit überlebt?!
Sie graben sich in den lockeren Kies und Sand einer eiszeitlichen Moränen-Böschung. Das Problem eines solchen Erdhauses ist die Dachkonstruktion. Die beiden Engländer versuchen es mit einer Sandabdeckung, mit einer Canvas-Plane über zolldicken, horizontal gelegten, krummen und schiefen Stämmchen zu lösen. Hier oben an der Baumgrenze gibt es nichts anderes. Selbst dieses Bauholz ist rar genug und steht sechs, acht Meilen weit weg. Die Stämmchen stützen sie mit anderen, vertikal gestellten Bäumchen ab. Die Stützen summieren sich, das enge Erdhaus wird noch enger. Die Canvas-Plane ist dem Gewicht des Sandes nicht gewachsen, sie reißt an allen Ecken und Enden. Der Sand rieselt mit der Impertinenz von »White Christmas« aus den Lautsprechern eines Supermarktes.
Ein wenig besser wird die Lage, nachdem sie genügend Caribous erbeutet haben und die Felle unter die Canvas-Plane ziehen können.
Allerdings – brauchen sie dafür ein paar weitere Stützen. Das Innere der Hütte kommt den beiden bald vor wie der zerschossene Wald im unseligen Stellungskrieg an der Somme. Sie müssen sich noch vorsichtiger als dort bewegen. Nicht wegen irgendwelcher Scharfschützen, sondern wegen des Sandes, der immer trockener und feiner wird, der immer neue Durchschlüpfe findet und

sich jedesmal über sie ergießt, wenn sie versehentlich an eine der Stützen stoßen.
Damit kann sich ein halbwegs hartgesottener Typ arrangieren und sogar abfinden. Im Palästina-Feldzug des Ersten Weltkrieges hat Critchell-Bullock ähnlich leidvolle Erfahrungen gemacht.
Aber da ist noch ein weiteres Problem: der Ofen, oder eher das Ofenrohr. Es reicht nicht über die Moränen-Kante hinaus. Bei den im Winter vorherrschenden Winden aus Nord, Nordwest und Nordost qualmt es in der Hütte schlimmer als an einem schottischen Torffeuer. Sie versuchen, den Ofen auf ein Podest zu stellen. Es hilft ein bißchen, aber eben nur ein bißchen. Der Preis für die Hilfe ist zu hoch. Nun liegt unten am Fußboden die Temperatur unter dem Gefrierpunkt, während sie oben in Kopfhöhe tropische Wärmegrade erreicht. Bullock, einen Kopf größer als Hornby, leidet doppelt.
»Fast so schlimm wie in Flandern, bei den Gasangriffen der Deutschen«, hustet Bullock.
»Hätten die Hohlköpfe im Generalstab der Imperial Army nicht damit angefangen – die Deutschen hätten nie und nimmer ...« und es entspinnt sich eine hustend und prustend und tränenden Auges geführte, hitzige Diskussion über falsche und richtige Taktiken während der Schlachten des Ersten Weltkrieges. Bullock vertritt die Seite der Briten und Hornby die ihrer Gegner bzw. ihrer Kritiker. Nicht nur die Erdhütte selbst ist ungemütlich – auch die Atmosphäre zwischen ihren beiden Bewohnern verdüstert sich.
Am meisten ist Bullock über die Tatsache verbittert, daß Hornby durchaus wußte, auf was er sich mit dieser Behausung einließ. Er ist wütend, daß Hornby im Gegensatz zu ihm Probleme wie die nun anstehenden einfach negiert. Daß er sich aus ihnen einfach heraus-improvisiert. Qualm, Sandgeriesel, Schmutz, Gestank und Nässe scheinen für ihn so bedeutungslos wie Hitze und Kälte, wie Hunger und Strapazen.
»Irgendwo, irgendwie – der Kerl ist verrückt. Oder besessen, ein Dämon? Mit rechten Dingen geht das nicht zu. Schließlich habe ich, James Charles Critchell-Bullock, einiges hinter mir, mußte mehr als einmal meinen Mann stehen. Doch mit dieser Situation war das alles

nicht zu vergleichen«, resigniert der Captain in seinen Aufzeichnungen.

Wie Critchell-Bullock geht und ging es manchem und wird es noch vielen ergehen.

Die Winter-Wildnis, so glauben die Gentlemen in der besten Tradition Jack Londons, sei eine wild-romantische Reise im krachenden Frost, in warme Felle gehüllt, auf einem von hechelnden Hunden gezogenen Schlitten. Es sei die Jagd auf wehrhafte Wölfe, Eisbären oder was sonst auch immer.

Die Vorstellung, dem wie tausend hysterische Furien heulenden Blizzard zu trotzen, später am prasselnden, wärmenden Lagerfeuer mächtige Steaks zu rösten und sich an einem dampfenden Becher Grog Finger und Magen zu erwärmen.

Statt dessen hockt der Polarforscher hungernd und frierend in einem unsäglichen Loch, ist mit einem lächerlichen Handschlitten unterwegs auf Brennholzsuche, muß sich selbst wie ein Kuli vor die Ladung spannen, wird zu seinem eigenen Sklaven. Da stellt er überraschend fest, daß es in erster Linie die wenig heroischen Alltäglichkeiten sind, die den Mann oder die Memme ausmachen.

Der andere – Hornby – braucht das Hundeteam für die Cariboujagd, denn von diesen harmlosen Wiederkäuern allein ist – wie seit eh und je in den Barren Grounds – ihr Dasein abhängig. Und Hornby ist der erfahrenere, der ausdauerndere, der bessere Jäger.

Hornby trägt Bullock auf, während seiner Jagdausflüge die Fallen zu inspizieren. Mit der Axt bewaffnet, stapft der Captain durch die weiße Eintönigkeit, stets auf der Hut und immer in der Angst, sich in diesem konturlosen Weiß zu verirren. Wenn er ein Tier in dem Tellereisen findet, ist ihm zumute, als müßte er einen hilf- und wehrlosen Gefangenen erschlagen – denn meist sind es kleine Schneefüchse, die ihn mit großen, schwarzen, bittenden Augen stumm um Verschonung anflehen. Er kommt sich elender vor als der ärmste türkische Hammelschlächter. Er ist froh, eine Ausrede zur Hand zu haben, nicht auf die »Trapline« gehen zu müssen, und sagen zu können, einer müsse sich ja schließlich um das Brennholz kümmern...

Damit ist die Prüfung keineswegs zu Ende. Ist er oder Hornby von der Trapline zurückgekehrt, dann stapeln sich um den Ofen die Kadaver der toten Füchse oder Wölfe. Es hilft nichts, sie müssen aufgetaut werden, bevor man ihnen die Bälge abziehen kann. Eine Drecksarbeit, die Hornby gänzlich unbeeindruckt mit seinem Taschenmesser verrichtet. Mit demselben Messer, mit dem er sein Fleisch beim Essen, seine Zehennägel und die Hornhaut von den Fußballen schneidet. Hornby summt dabei vergnügt vor sich hin, während ihm die Tropfen aus der Nase rinnen und er sie ab und zu mit dem blutig-talgigen Handrücken abwischt.
»Nein«, Bullock schüttelt bitter den Kopf, »ich wußte durchaus, daß mir auf dieser Expedition keine lächelnden, türkischen Huris das Lager bereiten und mich weder Rosenwasserduft noch andere Wohlgerüche umwehen würden – doch Anblick und Gestank eines halben Dutzends Fuchskadaver und -bälge in diesem Loch, enger, schmutziger als eine pakistanische Gefängniszelle – das ist ein böser, wahrgewordener Alptraum.«
Aber dieser Hornby, sinniert er weiter, ist doch kein wilder Indianer, kein in Speck und Tran aufgewachsener Eskimo – sondern ein Landsmann seiner Gesellschaftsschicht, seiner Sprache, aus seinen eigenen respektablen und respektierten Kreisen, das ist einer der unverwechselbaren, unvergleichlichen Old Boys. Nein, irgendetwas kann mit diesem Kerl nicht in Ordnung

Ein einsamer Hundeschlitten in der weißen Winterwüste der Tundra

sein. Hat nicht alle Welt ihn, Critchell-Bullock, gewarnt?! Hat ihm nicht alle Welt prophezeit, daß jeder, der sich mit Hornby einläßt, ein tötliches Spiel mit dem Feuer spielt, sich auf ein Russisches Roulette einläßt, bei dem er auf die Dauer nicht gewinnen kann?
Warum hat Hornby, so fragt sich der Captain immer wieder, nicht die Hütte wie die vier Trapper ein paar Meilen weiter südlich in die letzten Ausläufer der kanadischen Taiga, in den Wald gestellt? Dorthin, wo es krummes oder knotiges, doch immerhin brauchbares Bauholz gibt? Wo der Brennstoff direkt vor der Haustür wächst? Warum statt einer gemütlichen, warmen Behausung dieses ekelhafte, dreckige, feuchtkalte Loch im Sand der Moräne? Von welchem Teufel war er geritten, daß er da nicht einschritt oder eingriff? Hat Hornby ihn verhext? Dem Captain wird immer klarer, daß der Geist seines Partners auf des Messers Schneide balanciert und daß es nur noch eine Frage der Zeit sein kann, bis er abstürzen und auf der falschen Seite hinunterfallen wird.
Bullock fallen all die Geschichten ein, die man sich von den einsamen Trappern im Norden erzählt, von Männern, »deren Geist sich auf Wanderschaft begibt, ohne dem Körper die Richtung zu sagen«. Von Männern, die sich in der krachendsten Kälte auszogen und ins Freie wankten, um nach der Schneeschmelze, in grotesker Verrenkung erstarrt, aus dem Eis zu wachsen; von leiblichen Brüdern, die sich gegenseitig über den Haufen knallten; von Sheenjak Jim, der seinen Partner erschoß, ihn verscharrte, der ihn wieder ausgrub und den steifgefrorenen Körper zu sich an den Tisch setzte und wie zu dessen Lebzeiten lange Unterhaltungen mit ihm führte. Es sind böse, bizarre, makabre Geschichten darunter – sie sind unheimlicher, als ein Edgar Allan Poe sie hätte erfinden können.
Bullock beschließt, auf charakteristische Symptome in Hornby's Verhalten zu achten. Er wird noch vorsichtiger sein.
Hornby agiert indessen weiter ruhe- und rastlos. Er ist ein unstetes, plötzlich auftauchendes und wieder verschwindendes, ungeheuer betriebsames Irrlicht. »Das einzige Mittel gegen das Aufweichen des Geistes in der

Einsamkeit«, wie er sich ausdrückt. Regelmäßig geht er seine Fallen ab, setzt sie neu, schleppt Feuerholz heran, besucht seine Trapperfreunde, geht auf die Jagd, balgt die erbeuteten Tiere ab; er redet, schläft, schweigt, trinkt, ißt, kommt und geht, wann, wie und wo es ihm gerade einfällt. Weder läßt er eine Spur von Systematik seiner Handlungen erkennen, noch gibt er irgendeine Erklärung seines Tuns, seiner Vorhaben, Gedanken, Absichten oder Überlegungen ab.

Bullock stellt sich die Frage: Kann oder will er aus diesem teuflischen Zauberkreis ausbrechen, soll er starrköpfig an seinem Expeditionsvorhaben festhalten, glaubt er nach wie vor, dieses Unternehmen nicht ohne Hornby's Hilfe über die Runden bringen zu können? Er findet keine Antwort, weiß aber eins: Wenn er so

Der Winter kann die Landschaften der Baumgrenze in eine Zauberwelt verwandeln, kann aber auch zur tödlichen Bedrohung werden.

weitermacht, bedeutet das die bedingungslose Übergabe, die komplette Auslieferung. Wenn schon hilflos, dann aber nicht ohne Kampf.
Während das Thermometer auf - 40, - 50 und auf - 60° Celsius fällt und der zähe Frost sich in den Ecken der Erdhütte festsetzt, während die schlimmste, dunkelste Zeit des Jahres dahinkriecht, schreibt Bullock seine Aufzeichnungen nieder.
Er verlebt das schlimmste Weihnachtsfest seines Lebens. Im Herbst hat er sich auf Pike's Portage eine Rückenverletzung zugezogen, die ihn ebenso plötzlich wie unerbittlich auf das Fellager festnagelt. Hornby ist einmal mehr – weiß der Teufel wohin – verschwunden.
Bullock hat nur noch wenige Stücke Holz, kaum noch etwas zu essen, ein bißchen Mehl, ein paar Tassen Zucker. Im Notfall könnte er, so hatte ihm Hornby leichthin vorgeschlagen, ein paar Fuchskadaver auftauen und das Fleisch essen. Schon beim Gedanken daran wird Bullock übel. Bevor er sich absetzte, hatte Hornby noch einen der Hunde hereingeführt. Ein Hund – aber was für eine armselige Kreatur! Der arme Teufel war ein paar Tage zuvor mit dem Fuß in ein Tellereisen geraten, die Wunde hatte sich entzündet, eitert nun. Das Tier steht an der Schwelle des Todes. Es wimmert, hechelt, pißt, scheißt. Die brandige Pfote stinkt schlimmer als ein halbes Dutzend Fuchskadaver. Aber Bullock hat nicht die Kraft aufzustehen, den Hund nach draußen zu bringen, ihn von seiner Pein zu erlösen ...
Was ist, wenn Hornby erst nach Wochen oder überhaupt nicht zurückkommt? Der Captain braucht nicht viel Phantasie, sich das auszumalen. Die Frage ist, ob es der Hund oder der Mensch länger aushält.
Vielleicht – so denkt der hilflose Mann – legt Hornby es darauf an? Man wird seine Ausreden nicht widerlegen können. Oder er spielt ganz einfach noch ein bißchen verrückter als bisher, und man wird ihn erst recht laufen lassen müssen.
Mit Mühe rafft er sich auf und holt sich seine Aufzeichnungen. Er liest nach: wie Hornby ihm mit einem hintergründigen Lächeln erzählt hat, wie schön der Erfrierungstod sei, im Gegensatz zum Ertrinken in einer

Stromschnelle, oder im Fluß zu kentern, oder langsam zu verhungern. Oder wie sich Hornby mitten in der Nacht erhebt, sich mit dem letzten Holz eine Tasse Tee aufwärmt und die dann doch zu trinken vergißt. Mit dem Resultat, daß Bullock am nächsten Morgen aufwacht und sich nicht bewegen kann – weil sein kondensierter Atem seinen Bart an den Fellen auf seinem Lager hat festfrieren lassen. Es dauert eine Ewigkeit, bis Hornby nach langen Stunden endlich zurück ist, ein paar Bündel Holz mitbringt und den Mann erlöst! Oder wie der andere eines Abends gedankenverloren seine vorletzte, zwar verdreckte, aber sonst intakte Hose auszieht, sie in den Ofen steckt und verbrennt.
»Geht schneller als Waschen«, ist die lakonische Erklärung.
Wie er den Partner eines Nachts, auf seinem Lager sitzend, beobachtet – wie der ihn minutenlang mit starrem Blick fixiert und dabei mit dem Daumennagel die Schärfe seines Messers prüft.
Das sind Indizien, die beweisen, daß Hornby verrückt ist! Hier in den Barren Grounds ist alles doppelt schlimm, hier ist jedes Fehlverhalten äußerste Lebensgefahr.
Bullock beschließt, einen Brief an die Polizei, an die RCMP zu schreiben. Sollte er diesen Winter nicht überleben, würde die Nachwelt zumindest das Warum erfahren. Bullock kuvertiert den Brief, adressiert ihn und steckt ihn zwischen zwei Fellstücke in die Bedachung. Ab jetzt wird er sein Schicksal in die eigene Hand nehmen... Sobald nach Weihnachten die Stewart-Brüder oder Al Greathouse nach Fort Hornby am Great Slave Lake aufbrechen, wird er ihnen den Brief mitgeben. Jack und Mira Glenn werden alles Notwendige veranlassen...
Bullock fährt zusammen, er erschrickt, hört das Knirschen von Schlittenkufen. Hornby!
Die Tür wird aufgestoßen, im schwarzen Bart des kleinen, fellvermummten Mannes klingeln Eiszapfen. Seine Augen glänzen wie nasse Kohlen.
»Feast or Famine!« ruft er, »Festschmaus oder Hunger – diesmal ist es ein Festschmaus! Such dir aus, Captain – gebackene Caribou-Leber mit Zwiebeln? In Whisky

geschwenkte Nieren? Schulter in Aspik? Ein zartes Lendensteak? Der Kopf mit seinen sieben delikaten Fleischsorten? Oder soll's geräucherte Caribouzunge sein oder die gebratenen Hoden, die 'Glocken der Heimat', die dir jetzt mitten im Winter den Frühling läuten? Die Zutaten, auch den Wein, mußt du dir schon denken – aber der Rest ist Wirklichkeit. Ich habe einen fetten, jungen Bullen geschossen!«
Hornby plappert fröhlich weiter.
»Also ich – ich denke, ich werde mir den Inhalt vom Pansen vornehmen. Hab' ich bei den Eskimos gelernt, und es hat mir ausgezeichnet geschmeckt. Solch ein Süppchen brauchst du nur hundert Jahre zu essen und du weißt, wie du steinalt werden kannst. Brennholz hab ich auch mitgebracht. Wenn wir jetzt noch einen waschechten, englischen Plumpudding hätten, dann könnten wir nochmal Weihnachten feiern!«

Hunde wurden auch als Packtiere genutzt.

Ein vierbeiniges Opfer des subarktischen Winters

Während Hornby den halbvergorenen Mageninhalt des Rentieres heißhungrig runterlöffelt, während die Brühe in seinen Bart und auf sein Hemd tropft, spricht er von seinen, von den gemeinsamen Plänen: »Zum Arkilinik werden wir ziehen, Captain. Auf dem letzten Eis im Frühjahr. Mit zwei Kanus auf dem Hundeschlitten. Es sind nur hundert, hundertzwanzig Meilen bis zum Zusammenfluß von Hanbury und Arkilinik, und nachts reist es sich gut auf der Eiskruste, Captain. Fünf, sechs, vielleicht sieben Tage schlechtes Wetter einbegriffen – schätze ich. Dann lassen wir die Schlitten, wo sie sind, steigen samt den Hunden in unsere Boote...« er deutet auf das todkranke Tier in der Ecke, »wird schon wieder, Ben – und wenn nicht – dann eben nicht.« Er zuckt die Achseln.

»Das gilt für Hunde wie für Menschen.«

Hornby dreht sich um, stößt an eine Stütze. Sand rieselt über die gebratene Cariboubleber auf Bullocks Teller. Das Herz des Captain ist voller Dankbarkeit. Es zeigt sich ein Silberstreif am Horizont.

Hornby zieht sich, noch mit vollen Backen kauend, wieder die Felljacke über den Kopf.

»Hundefüttern, und dann los!« ruft er. »Hab' noch mehr Cariboufährten gesehen – Spuren, die nach Nordosten führen.« Er stößt wieder gegen eine Stütze. Sand

rieselt, und es rieselt nicht nur Sand: Wie ein Blatt im Wind schwebt Bullocks Brief an die RCMP herunter.
Während das Blut in den Adern des Captains erstarrt, hat sich Hornby flink gebückt, hat den Brief an sich genommen.
»Al Greathouse geht nächste Woche mit seinen Hunden rüber zum Great Slave Lake. Der nimmt ihn mit.« Noch bevor Bullock Protest anmelden kann, ist der Irrwisch draußen, ruft von dort nochmal: »Greathouse bringt auch dies ganze Filmzeugs und deine Kamera mit – dann brauchst du wenigstens keine reiche, alte Witwe zu heiraten, wenn das hier alles vorbei ist, haha ... wenn dein Geld alle ist ... haha ...« Hornby's Lachen verliert sich. Stille.
Nach einer Weile hört man ihn mit den Hunden sprechen.
»Hornby, verdammter Kerl, Hornby, hör...« schreit Bullock; dann vernimmt er das »akh, akh, akh«, mit dem der Partner die Hunde anfeuert, das rasch ersterbende Knirschen der Kufen. Bullock stöhnt und läßt sich aufs Lager zurückfallen, schlägt die Hände vors Gesicht.

Es wird kälter, noch kälter. Blizzards heulen tage- und nächtelang, brüllen schrecklicher als eine Herde mondsüchtiger Mochusochsen; grünes Nordlich speert und zuckt und wabert über den Himmel. Aber die Tage werden länger und Bullocks Rückenschmerzen erträglicher.
Eine Reise den Thelon, quer durch die Barren Grounds bis hinunter zur Hudson Bay, tausend Meilen weiter im Osten – damit könnte auch Critchell-Bullock etwas vorweisen. Wenn er nur nicht den verdammten Brief an die RCMP geschrieben hätte! Nach Bullocks Ansicht ist Hornby – irgendwo in verschütteten Rudimenten – noch ein Gentleman genug und wird den Brief nicht gelesen haben. Wenn aber eine RCMP-Patrouille auftaucht, um die Anschuldigungen zu überprüfen ... dann wird alles wie ein Kartenhaus zusammenbrechen.
»Man müßte alles ungeschehen machen können«, denkt Bullock, »aber wie?«

Lange Wochen später erscheint Al Greathouse mit einem Packen Post. Briefe – Pakete – das ist in der Wildnis immer ein Stück Weihnachten. Ein dicker Packen Post für Critchell-Bullock, ein dürftiger für Hornby. Die Männer reißen einige der Briefe auf und überfliegen die Zeilen, legen andere Umschläge achtlos zur Seite.
Hornby hat seine Post bis auf einen Brief durchgesehen und späht erwartungsvoll zu Bullock hinüber. Auch der nähert sich den letzten Umschlägen. Plötzlich ist er elektrisiert – ein Kuvert trägt das Siegel der RCMP! Auch Hornby sieht das Emblem der Polizei. Unschlüssig wiegt er seinen letzten, noch ungeöffneten Brief in der Hand und beobachtet Bullock scharf. Dann springt er unvermittelt auf und ruft lachend:
»Der ganze Unrat, der von draußen kommt – der bringt doch nichts. Nichts für dich – nichts für mich. Warum also nicht die Briefe tauschen? Hier ist meiner – ich krieg deinen!«
Wieselflink hat er den RCMP-Brief an sich gerissen, hat Bullock das Schreiben irgendeines Absenders aus Edmonton hingeworfen.
Bullock protestiert heftig, er ist aber immer noch gehandicapt, kann dem hinauslaufenden Hornby nicht folgen. Dann ist der Partner zusammen mit Al Greathouse und den Hunden verschwunden.
Was passiert jetzt? Bullock verfällt in dumpfes Brüten. Hat Hornby seinen Brief an die RCMP – Gentleman hin, Gentleman her – gelesen und wollte auf diese skurrile Art herausfinden, was die Polizei geantwortet hat?
Was würde Hornby unternehmen? Angenommen, Hornby liest die Antwort – und Bullock ist sicher, daß er das tun wird – dann weiß er, daß er mit einer Patrouille noch in diesem Frühjahr rechnen muß oder nicht. Hornby kann sich also einrichten, kann Repressalien ersinnen. Wer läßt sich schon gerne als verrückt einstufen, und sei er noch so exzentrisch? Nicht einmal der »Kleine König des Landes der dünnen Stecken« von eigenen Gnaden ... Vielleicht wird er sogar versuchen, ihn zu töten. Aber soweit wird er, der Captain der Imperial Army, es nicht kommen lassen – ein Critchell-Bullock läßt sich nicht so einfach abschlachten...

Jedenfalls wird er Hornby zur Rede stellen, wird eine Erklärung formulieren. Sollte der andere diese Erklärung nicht akzeptieren – dann, ja dann wird der schnellere oder bessere überleben. Als Hornby auftaucht, ölt Bullock die paratgelegte Büchse. Der kleine Mann stutzt.

»Die Schießprügel sollten bei diesen Temperaturen draußen bleiben«, sagt er statt einer Begrüßung, »das Kondenswasser...«

»Hornby – die Sache mit dem Brief von der RCMP«, unterbricht ihn Bullock, »ich möchte, daß du mir den Brief jetzt und hier aushändigst«, er läßt das Schloß der Büchse schnappen, »hier und jetzt – ich bin bereit, dir eine Erklärung...«

»Ein Brief, was für ein Brief? Wie kommst du jetzt ausgerechnet auf sowas Nutzloses, nutzloser als der Ohrring an einer Seekuh.«

»Der Brief von der RCMP«, sagt Bullock mit Nachdruck.

»Ah – das komische Schreiben«, antwortet Hornby und kratzt sich in seinem wirren Haarschopf. »Wenn ich das nur wüßte, das hab ich doch total vergessen.« Er macht eine längere Pause. »Irgendwohin verlegt hab ich es, weiß der Teufel, wohin.«

Bullock antwortet mit Nachdruck: »Ich möchte wissen, was in dem Brief steht.«

»Bin ich ein Hellseher? Kann ich durch einen Umschlag gucken?« entrüstet sich der kleine Mann.

»Ich will wissen, was in dem Brief steht...«

»Pah, was soll schon da drin stehen, wenn dir die Polizei schreibt, Captain? Wieviel Fuchsfelle du erbeutet hast, oder ob du die eine oder letzte Spur von irgendeinem Verrückten gekreuzt hast, der voriges Jahr in der Tundra verschwunden ist. Er ist weg, der Brief. Sollte ich ihn wiederfinden – bitte, natürlich! Hätte ich geahnt, daß ein lächerliches Stück Papier, mit dem du dir noch nicht mal richtig den Hintern wischen kannst, eine solche Bedeutung für dich haben könnte...« Der Rest geht unter in seinem unverständlichen, ärgerlichen Gemurmel.

»Vielleicht stimmt es, was er sagt«, denkt Bullock, »vielleicht hat er tatsächlich keine Ahnung.« Vielleicht wird die Expedition doch noch ein Erfolg. Jetzt, wo die Ka-

Die Schnee-Eule – ein Symbol der winterlichen Tundra

mera-Ausrüstung und das Filmmaterial sich hier oben am Artillery Lake befinden. Ein Erfolg trotz dieses elenden Briefes.

Urplötzlich erscheint die Polizei-Patrouille tatsächlich auf dem Plan. Wieder ist Bullock im Zweifel. Er kann in Hornby's Anwesenheit nichts erklären, nichts richtigstellen. Andererseits hat er nicht den Eindruck, daß die Polizei durch Hornby's oder – verdammt nochmal – seinen eigenen Gesundheitszustand auch nur im geringsten beunruhigt wäre.

Nach ein paar Routinefragen haben es die beiden Constables sehr eilig, aus der schrecklichen, stinkenden Sandhöhle herauszukommen.

Ein durch nichts zu beeindruckender Vielfraß, von allen Trappern gefürchtet

Jetzt ist es eher die Nässe, die den beiden Bewohnern zusetzt. Die Tropfen, die an den Caribou-Fellen entlanglaufen und irgendwo, irgendwann herunterfallen, auf den Boden, den Tisch, den Ofen, den Kopf, hinein in die Kragen der Männer. Tropfen, die tagsüber rinnen und nachts zu langen Eiszapfen gefrieren. Eiszapfen, die den Bewegungsspielraum in der Hütte noch mehr einengen.
Auch draußen beginnt es zu tauen, beginnen die abgebalgten Kadaver der Füchse und Wölfe aus dem Schnee zu wachsen. Dicke, fette Schmeißfliegen beginnen sich darauf zu tummeln, Maden wimmeln, die Umgebung der Erdhütte wird zum üblen, ekelerregenden Schindanger.
Sie müßten längst unterwegs sein – lange werden die Schnee- und Eisverhältnisse die Schlittenreise nicht mehr zulassen.
»Apperlapapp –» wischt Hornby Bullocks Bedenken vom Tisch, »fünf, höchstens sieben Tage, und wir sind am Arkilinik und haben freie Bahn bis zur Hudson Bay.«
Einmal mehr zögert Hornby die Abfahrt hinaus, verpaßt den richtigen Zeitpunkt. Bis es nicht einmal mehr ihn in der tropfenden, stinkenden, schlammigen Höhle hält, die sie ihre Behausung nennen. Sie schleppen alles Verwertbare nach draußen, reißen das Dach ein, werfen die Kadaver von vierhundert Füchsen, vierzig Wölfen und einigen Vielfraßen hinein und zünden das Ganze an. Es ist ein schrecklich brutzelndes, prasselndes, schwarzqualmendes, zum Himmel pestendes Krematorium der unschuldigen Kreaturen.
Mitte Mai ist selbst für subarktische Verhältnisse die günstige Reisezeit vorüber. Erst recht vorüber ist sie angesichts der Lasten, die sie zu transportieren haben: zwei Kanus, eine halbe Tonne Pelze, eine umfangreiche Filmausrüstung. Selbst bei guten Bedingungen viel zuviel Gewicht für die drei überlebenden Hunde. Zuviel – auch wenn die beiden Menschen nach Kräften mithelfen.
»Was soll's«, sagt Hornby, »wenn nicht fünf oder sieben Tage, dann dauert's eben zwölf oder meinetwegen vierzehn Tage.«

Es sollte keine zwölf oder vierzehn Tage dauern, sondern fünfzig – ja, fünfzig – Tage, bis sie den Zusammenfluß von Hanbury und Thelon River erreicht haben. Es war eine amphibische Reise – über schmelzendes Eis, über freies Wasser, über Land. Sie mußten unsägliche Strapazen überstehen und irrten drei volle Wochen in der Gegend herum, ohne zu wissen, wo sie sich befanden. Es gab andere Wochen ohne ein Stückchen Holz für ein Kochfeuer; Wochen, während denen sie das Caribou-Fleisch roh hinunterschlingen mußten. Wochen, in denen die ersten, die blutgierigsten Moskitos des Sommers in ganzen Wolken über sie herfielen. Wochen, wo sie sich mit den Stromschnellen, Katarakten und Wasserfällen des Hanbury River, einer tödlichen Gefahr herumschlagen mußten. Es war die Hölle.

Sie sahen die ersten Moschus-Ochsen. In Bullock flammte plötzlich wilde Hoffnung auf. Wenn er gute Filmaufnahmen von diesen urweltlichen Tieren mitbringen würde, dann hätte sich das alles doch noch gelohnt. Es ging ihm, wie es so manchem Anfänger und Amateur, aber auch manchem Profi ergangen ist und noch gehen wird: In der Erregung des Augenblicks stellte er Blende und Geschwindigkeit falsch ein, verhaspelte sich beim Kurbeln. Er verschoß eine Menge Material, das sich später als unbrauchbar erweisen sollte. Danach unterläuft ihm auf dem Fluß, den die Eskimos Arkilinik und die Weißen Thelon nennen, ein weiteres Mißgeschick.

Etwas, worüber man in der Zivilisation allenfalls schmunzelt – hier aber fast fatal ist, abgeschnitten von jeglicher Hilfe.

Als Bullock seine dreckigen, schmutzverkrusteten Kleider nach Seemannsart an ein Tau knüpft und in einen reißenden Bach hängt, um der Strömung die Walkarbeit zu überlassen, löst sich der Knoten und die Strömung spült die Wäsche in den Thelon River. Dort mögen sich die Forellen, die Weißfische und Hechte gefragt haben, welch abenteuerliche Fetzen das sein mochten, die da angesegelt kommen.

Nun hat Bullock nur noch Hemd und Hose, die er am Leibe trägt. Dieser Outfit bietet gegen die auch im Sommer im Norden einbrechenden Kältewellen viel zu we-

Ein Nerz, begehrt wegen seines Pelzes, sucht den Eisrand nach Fischen ab.

nig Schutz. Er ist für die Moskitos eher eine Einladung als Hindernis. Andererseits scheint Bullocks Leidensfähigkeit, sein Stoizismus, mit dem er Schmerzen, Kälte, Hitze und Strapazen erträgt, sich an den entsprechenden Fähigkeiten seines Partners aufzurichten.
Sie leben jetzt in erster Linie von Wasserwild. Von Enten, Gänsen, Schneehühnern, von deren Eiern, von Forellen und Weißfischen. Im Vergleich zu dem, was sie bis hierher durchmachten, ist das Reisen inzwischen eine Sonntagsnachmittagspartie auf dem zügig ohne Hindernisse dahineilenden Strom. Sie finden sogar Treibholz für Koch- und Wärmefeuer und dann, nach einer Biegung, gänzlich unerwartet, sogar einen richtigen Wald! Eine grüne Insel in der baumlosen Tundra!
Sie bleiben mehrere Tage. Hornby kann sich kaum fassen vor Begeisterung über diesen so unvermutet auftauchenden Wald. Er streicht in ihm herum und schwört, wieder hierherzukommen, hier sein Hauptquartier aufzuschlagen, diesen Wald zum Zentrum seines Königreiches zu machen. Ein Königreich, das ihm niemand streitig machen wird, keiner streitig machen kann, weil um seine Grenzen der breite, unüberwindliche Gürtel der Barren Grounds liegt.
Mit der Axt amputiert Bullock sich um ein Haar drei seiner Zehen. Das ist eine nicht ohne weiteres zu versorgende und daher nicht ungefährliche Verletzung. Der

Blutverlust schwächt den ausgemergelten Körper des Captains noch weiter. Aber Hornby schießt im richtigen, besser: im letzten Augenblick ein Caribou. Bullock säuft eine Gallone kräftigende Blutsuppe, eine mit Sand, Fliegen und Knochensplittern gewürzte, salzlose, widerlich aussehende Brühe – aber ein Saft und Kraft verleihendes Lebenselixier. Da sie kaum noch Fußmärsche unternehmen müssen, ist er bald wieder reisebereit.

Ihre Hundestreitmacht ist auf einen einzigen Überlebenden zusammengeschrumpft. Rowdy und Jack waren einer Caribou-Herde hinterhergejagt. Jack blieb verschwunden, während Rowdy – nur noch Haut und Knochen und vor Auszehrung unsicher auf den Beinen schwankend – wieder auftauchte. In ihren ohnehin überladenen Kanus war kein Platz mehr für jetzt überflüssige Vierbeiner. Sie mußten auch ihn erschießen. Hornby drängte Bullock, die Aufgabe zu übernehmen. John Hornby, der hartgesottene Trapper, war nicht in der Lage, dem Hund den Flintenlauf hinters Ohr zu halten und abzudrücken.

Nun hat die Stunde für Whitey, Hornby's Lieblingshund, geschlagen. Auch Whitey hat einen tagelangen, vergeblichen Jagdausflug unternommen und auch er ist danach so entkräftet, daß er den Kanus nicht mehr am Ufer entlang folgen kann. Hornby bittet Bullock, Whitey noch eine Henkersmahlzeit zu servieren – und wandert hinaus in die Weite der Tundra, um den unvermeidlichen Schuß nicht hören zu müssen.

Feast or famine: In den nächsten Tagen dominiert einmal mehr die schwarze, die Negativseite der nordischen Existenz. Sie haben zwar zu essen, eigentlich mehr als genug zu essen, aber es fehlt ihren ausgemergelten, abgezehrten Organismen an Fett. Die Situation wird kritisch, und sie trifft Bullock härter als Hornby.

Es ist ein makabrer Seiltanz am scharfen, abbrechenden Rand der Existenz. Der nächste Schritt kann den unwiderruflichen Sturz ins Verderben bedeuten. Wieder mal ist es Hornby, der das Pendel nach der richtigen Seite, der es zu ihren Gunsten ausschlagen läßt: Wieder erlegt er einen jungen, gut im Futter stehenden Caribou-Bullen. Der Captain notiert unter dem 8. 8.1925 in seinem Tagebuch:

Die rauschende Flußfahrt den Thelon River hinab

»Großes Festmenu am Beverly Lake! Eine Caribou-Leber, die Hälfte des Kopfes, eine Niere, ein paar ordentliche Portionen bestes Filet, eine vorher geschossene Gans, eine Möwe. Alles in allem zehn Pfund solides Fleisch, und zum Braten alles Fett, was der Bulle auf und in sich hatte.

Um das Glück abzurunden, läuft ihnen ein weiteres gutes Caribou über den Weg, und nach diesen Festmahlen fühlt der Captain sich in solcher Hochform, daß er ein Vollbad in dem eisigen See nimmt. Sogar Hornby versucht, sich ein halbwegs ziviles Aussehen zu geben. Nun, da ihre Prüfung vorübergegangen scheint, möchte Bullock reinen Tisch machen. Er will die »Skandale während des Aufenthaltes in der Sandgrube« mit Hornby diskutieren, die leidige Sache mit den Briefen an die und von der RCMP aus der Welt schaffen.
Aber Hornby hört gar nicht richtig zu. Er ist mit seinen Gedanken noch oder schon wieder bei einem neuen Unternehmen, bei »seinem« Königreich; er schwärmt von der Waldnische am Arkilinik, am Thelon River. Er schüttelt unwillig den Kopf. Als Bullock immer wieder nachhakt, scheint er sich endlich an etwas ganz Nebensächliches zu erinnern und sagt: »Ach, der Brief – der Brief von der RCMP – den hatte ich total vergessen –

hier ist er, ich hab ihn wiedergefunden.« Er kramt in seinen Taschen und reicht Bullock einen zerknitterten, fettig-schmutzigen Umschlag mit dem Siegel der RCMP, dem Bisonkopf und dem Motto »Maintiens Le Droit« – »Bewahre das Recht«.

Bullock reißt mit zitternden Händen das Kuvert auf, und heraus fällt eine Quittung über $ 4,75, für die von ihm gezahlte Gebühr einer Lizenz zum Fallenstellen.

»Sagte ich dir doch, Captain, es ist nur unwichtiges, lächerliches Zeug, was die Polizei einem schickt!« bemerkt Hornby kopfschüttelnd.

Bullock geht wortlos hinunter zum Ufer, schüttelt den Kopf, schöpft mit der hohlen Hand Wasser und trinkt. Es dauert sehr lange, bis er ins Lager zurückkehrt.

Ein Handelsposten der Hudson's Bay Company im Norden

Am 27. August 1924 steigen zwei Gestalten – ein großer, magerer, leicht vornübergebeugter, und ein kleiner, schmächtiger Mann – beide abgerissen, ausgemergelt, zwei am absoluten Ende ihrer Kräfte angelangte Ritter von der allertraurigsten Gestalt, die Uferböschung hin-

auf, um dem Manager der kleinen Pelzhandelsstation am Baker Lake ihre Aufwartung zu machen.
Das Motorboot der Hudson's Bay Company nimmt sie mit nach Chesterfield Inlet, der Schooner »Jacques Revillion« auf die andere, die östliche Seite der Hudson Bay, bis Port Harrison. Von dort schippern sie mit dem Dampfer »Peveril« nach St. John's, Neufundland, wo sie am 25. Oktober 1924 ankommen.
Die Ausbeute des letzten Winters – Fuchs- und Wolfsfelle – Nominalwert vierzehntausend Dollar – ist unterwegs durch die Feuchtigkeit verdorben. Sie bekommen keinen einzigen Cent dafür.

John Hornby erhält für seinen Rapport über die Züge der Caribous von Regierungsseite dreihundert Dollar, Bullock nach frustrierenden, zähen und langwierigen Verhandlungen den doppelten Betrag. Bullock kann kein Kapital aus seinen Erfahrungen, Erlebnissen, Filmaufnahmen schlagen und ist für den Rest seines Lebens ein gebrochener und finanziell ruinierter Mann.
Hornby schafft es in den nächsten Jahren tatsächlich, seinen Traum zu erfüllen und mit zwei unerfahrenen Begleitern sein Königreich, die Waldinsel am Thelon

Die modernen Zeiten halten Einzug in den Norden – Eskimo filmt Eskimo

River, in Besitz zu nehmen. Doch diesmal wird er die prekäre Linie zwischen Desaster und Überleben, das dünne Seil, auf dem er Zeit seines Lebens herumbalancierte, um einen Schritt nach der falschen Seite hin überstolpern.
John Hornby verhungert am 27. 4.1927 in der von ihm entdeckten Wald-Oase am Thelon River. Seine beiden Begleiter Harold Adlard und Edgar Christian sterben am 4. Mai bzw. am 1. Juni desselben Jahres. Der achtzehnjährige Edgar Christian, ein Vetter von John Hornby, hat bis zur letzten Stunde Tagebuch geführt.
Die Sein oder Nichtsein, die »Feast or Famine« bedeutenden Caribous, von denen die Indianer sagen, daß der Wind sie bringe und auch wieder wegführe: in jenem Jahr waren sie ausgeblieben.

Jack Hornby's Hütte, sein Grab und die seiner Gefährten

Northwest-Territories:

Die Northwest-Territories sind der ungeheure Landkomplex zwischen dem Kamm der Mackenzie Mountains im Westen und der Küste der Hudson Bay im Osten sowie des Riesen-Archipels der Arktischen Inseln, mit einer Größe von 3.244.608 km^2 etwa fünfzehnmal so groß wie die BRD, doch von nur ca. 52.000 Menschen bewohnt. Die Bevölkerung setzt sich zusammen aus Dene (Indianern), Inuit (Eskimos), Métis (Mischlingen) und Weißen. 132.100 km^2 sind mit Süßwasser bedeckt – das sind etwa 10 % des Frischwasservorrats der Welt. Von der exakt auf dem 60. Breitengrad liegenden Südgrenze bis zur Nordspitze von Ellesmere Island auf dem 82. Breitengrad erstrecken sich 3.283 km, von der westlichen Grenze (Mackenzie Mountains zum Yukon Territory) bis zur östlichen (Hudson Bay) 3.404 km.

Anreise:

Wichtigster Ausgangspunkt ist der International Airport Edmonton, der von den meisten wichtigen Airlines ab Europa angeflogen wird. Von hier existieren Verbindungen mit Canadian International nach Yellowknife, Inuvik und eine Reihe anderer Orte auf der Slave-Mackenzie-Route. Der International Airport Winnipeg ist ebenfalls Abflughafen für Canadian International und Northwestern Territorial Airways nach Rankin Inlet und die östliche Route nach Yellowknife. Nordair fliegt ab Montreal nach Iqaluit (früher Frobisher Bay) auf Baffin Island; First Air hat dieselbe Destination ab Ottawa, fliegt aber weiter nach Nuuk in Grönland.

Auskunft:

Wo keine spezielle Anlauf-Adresse angegeben ist, bei

TravelArctic
Yellowknife, N.W.T. X1A 2L9 Canada

Kanadisches Fremdenverkehrsamt
c/o Lange Touristik Dienst
Postfach
D 6457 Maintal 2

Flugverkehr:

Da es außer im westlichen Teil der Territories keine Straßen gibt, ist der Flugverkehr die einzige Möglichkeit, die einzelnen Siedlungen zu erreichen. Etwa 30 kleine Gesellschaften fliegen ein- oder mehrmals wöchentlich auf den Routen zwischen den Siedlungen; die meisten sind gleichzeitig Chartergesellschaften. Kosten für Charterflüge zwischen can $ 1,50 und 6,00 pro Meile, wobei der Rückflug ebenfalls bezahlt werden muß. Das Fluggerät ist bunt gemischt. Neben den modernsten Maschinen fliegen unverwüstliche Oldtimer wie DC-3, Otter, Beaver und Norseman.

Alkohol:

In einer ganzen Reihe von Siedlungen besteht aus guten Gründen striktes Alkoholverbot. Auch der Besucher sollte sich daran halten.

Bären:

Es gibt nur einen relativ geringen Bestand an Schwarzbären, in erster Linie in der südlichen Waldzone, den sehr seltenen Barren Ground Grizzly in der Tundra und den ebenfalls sehr selten gewordenen Eisbären an der Küste. Über Zusammenstöße von Bären und Menschen mit fatalen Folgen für den letzteren ist in dieser Region nichts bekannt.

Fischen:

Für Trophäen-Angler empfiehlt sich die teure Buchung über einen Outfitter. Je größer das Gewässer, umso größer ist auch der Fisch. Wichtigste Species sind Binnensee-Forelle, Hecht, Arktischer Saibling, Dolly Varden, Äsche, Weißfisch, Mackenzie-Hering. Angellizenz bei örtlichen Postämtern und bei TravelArctic.

Highways:

Das Straßennetz beschränkt sich auf wenige Allwetterpisten mit Edmonton als wichtigstem Ausgangspunkt. Bis zur Grenze zu den Northwest-Territories sind es rund 500 km, und von hier aus nochmals 478 bis nach Fort Simpson bzw. 556 km bis Yellowknife. Querverbindung und Anschluß nach Westen – der Liard Highway – ist 483 km lang, führt von Fort Simpson, N.W.T. nach Fort Nelson, B.C. Alle diese Straßen sind Allwetter-Routen, haben aber Schotterbelag. Zwischen Yellowknife und Edmonton besteht eine dreimal wöchentliche Busverbindung. Der Dempster Highway (ebenfalls Schotterstraße) verbindet Dawson City, Yukon Territory, mit Invuik, N.W.T. (750 km).

Regelmäßige Touren Whitehorse/Inuvik veranstaltet
Rainbow Tours, 3089–3rd. Ave.
Whitehorse, Yukon Territory Y1A 5B3

Eine Eisenbahnverbindung existiert zwischen Roma Junction am Peace River und dem Ort Hay River (607 km) mit einem Abzweig nach Pine Point (87 km), allerdings ohne Personenverkehr.

Insekten:

Schwarze Fliegen (Black Flies) und Moskitos können mehr als nur nerven! Am schlimmsten sind sie nach dem Aufbruch des Eises. Gegenmittel sind trockene, windige Lagerplätze für Wassersportler, kleine Inseln mit wenig Vegetation, Insekten-Lotion oder Spray wie »Deep Woods Off« oder »Muskol«.

Jagd:

Großwildjagd ist sehr teuer und grundsätzlich fragwürdig – möglich auf Caribou, Dall-Schaf, Bergziege, Wolf, Eis-, Grizzly- und Schwarzbär, Moschusochsen, muß aber über einen Outfitter gebucht werden. Etwas für Spezialisten!

Info bei
Field Services, Dept. of Renewable Resources
Government of the N.W.T.
Yellowknife, N.W.T. X1A 2L9

Kanu-Touren:

Das Kanu ist nach wie vor für den Sommertouristen das wichtigste Verkehrsmittel. Allerdings sollte er mit einer guten Erfahrung im Umgang mit diesem Sportgerät und mit der Wildnis ausgerüstet sein, oder lieber eine Package Tour (geführte Tour) buchen.

Wichtige Problempunkte sind Sturmtage, die einen am Ufer festnageln, Eisaufbruch (break-up) und Zufrieren (freeze-up). In den nördlichen Bereichen liegen oft nur 10–12 Wochen zwischen den beiden Zeiträumen. Große Seen können bis in den Juli hinein

vom Eis blockiert sein. Die Orientierung auf den Seen ist oft sehr schwierig. Es fehlen die erhöhten Übersichtsmöglichkeiten, der Kompaß macht in diesen Regionen (Nähe des magnetischen Nordpols) oft ungenaue bis total falsche Angaben.
Travel Arctic gibt eine kostenlose Übersichtsbroschüre »Rivers North« heraus und versendet auch wasserfeste »Trip Sheets« mit Detail-Informationen über die Flüsse Mackenzie, South Nahanni-Flat, Coppermine, Kazan, Thelon-Hanbury, Snare, Slave, Cameron und Yellowknife. Wegen der hohen Druckkosten ist die Abgabe auf zwei Sheets pro Anfrage begrenzt!
Die Palette der Flüsse beginnt mit dem mächtigen, ruhig dahinströmenden *Mackenzie River,* einem der ganz großen Ströme und Lebensadern der Erde, aber für den Kanuten eher ein zu großes und – sprechen wir's ruhig aus – ein zu langweiliges Gewässer. Nur wer unbedingt Kanukilometer fressen will, kann sich sehr gemächlich auf ihm zum Eismeer hinuntertreiben lassen und braucht nicht einmal vor der einzigen Schwierigkeit, den Sans Sault Rapids hinter Norman Wells, Angst zu haben. Die kann er getrost – wie die Mackenzie-Schubschiffe auch – rechts liegen lassen und in einem ruhigen Seitenkanal passieren. Diese Mammut-Kanutour gewinnt noch an Länge, ganz sicherlich an Reiz, wenn man die Anfahrt über den Saskatchewan und Slave River macht oder über Muskwa, Fort Nelson und Liard River wählt (wie wir es vor nunmehr fast zwanzig Jahren taten).
Wer von Südosten zum Mackenzie kommt, für den wird am *Slave River,* zwischen Lake Athabasca und dem Great Slave Lake, die Wasserstraße in den Norden ein letztes Mal, dafür aber nachhaltig unterbrochen: Die 27 km zwischen Fort Fitzgerald und Fort Smith sind nur auf dem Landweg zu bewältigen.

Die mächtigen Fluten des Slave (8 500 m^3/sec.!) donnern erst über die Cassette Rapids, in denen bei der Kenterung eines Hudson's Bay Company-Bootes ein Behälter, »Cassette«, mit allen Geschäftsunterlagen verlorenging. Danach erging Anweisung, die Schnelle in jedem Falle zu umtragen! Es folgen die Pelican Rapids, die ihren Namen von den nördlichsten Pelikankolonien des Kontinents haben; die Mountain Rapids und die Rapids of the Drowned, die ihren Namen der makabren Tatsache verdanken, daß eine Gruppe von Pelzhändlern den Flintenschuß ihres Lotsen, mit dem er eine Ente tötete, als das Signal zur freien Weiterfahrt mißinterpretierte. So geschehen 1786.

An diesen Schnellen hat sich ein Holländer angesiedelt; Jacques van Pelt vermittelt hier gutzahlenden Touristen den Thrill einer Schlauchboottour auf diesen Gewässern. Die Tour dauert drei Tage und wird garniert mit Teepee-Lager, Schwimmen, Lagerfeuer, Wild- und Naturbeobachtungen und Fotografie. Die Schlauchboote werden gerudert, die härtesten Stufen und höchsten Widerwellen (bis zu 12 m!) umtragen.

Subarctic Wilderness Adventures
Box 685 Fort Smith, N. W. T. XOE OPO

Der »Fluß der Enttäuschung« seines Entdeckers Alexander Mackenzie (weil er ihn 1789 nicht zum Pazifik, sondern zum Eismeer gebracht hatte) ist heute der Mighty Mackenzie«, der einzige kommerziell schiffbare Fluß der Nordwest-Territorien, hinter dessen Licht die anderen großen Flüsse verblassen. Zu Unrecht – sind sie doch interessanter, einsamer, abenteuerlicher für den Wildnis-Kanuten, aber darum bitte auch nur für den mit einem gerüttelt Maß Erfahrung in nordischer Einsamkeit! Wohlklingende Namen tragen der einsame

Thelon der Barren Grounds, der ins Eismeer entwässernde Coppermine und Back sowie der von tausendundeinem See unterbrochene Flußlauf des Dubawnt (alte Schreibweise: Doobaunt) und Kazan.
Der *Kazan* hat seinen Ursprung im Kasba Lake, direkt nördlich der Manitoba-Saskatchewan-Grenze und ist praktisch eine Seenkette mit Stromschnellen dazwischen. Die Tour ist 1 000 km lang und endet in Baker Lake am Chesterfield Inlet (regelmäßige Flugverbindung). Unterwegs trifft man so gut wie keine Menschenseele. Vielleicht einmal ein Prospektoren- oder Angelcamp eines Outfitters, vielleicht ein paar Biologen oder eine andere Kanugruppe. Es ist aber auch möglich, den großen Kanutrip am Reindeer Lake, Manitoba Highway 394, zu beginnen – so wie es der Kanadier Joseph Burr Tyrrell 1894 tat. Sonst muß man einfliegen ab Eskimo Point, Fort Smith oder Lynn Lake, Manitoba.
Der weiter westlich fließende *Dubawnt River* hat einen ähnlichen Charakter wie der Kazan, mit Ausnahme des letzten Abschnittes auf dem Thelon. Mit 1 760 km ist die Tour ab Wholdaia Lake die längste in den Territorien (Einfliegen ab Fort Smith oder Uranium City, Saskatchewan – das inzwischen aufgelöst wurde. Erkundigung vor Ort nötig!) Der Dubawnt mündet in den Beverly Lake und damit in den Thelon, Ausbooten in Baker Lake (regelmäßige Flugverbindungen).
Der *Thelon* ist zwar noch keine Rennstrecke geworden, ist jedoch unter Kanuten zum populärsten Fluß dieses Gebietes avanciert, da er auch der hindernisfreieste ist. Der »Ark i Linik« der Eskimos führt auf seinen 800 km u. a. durch das Thelon Game Sanctuary und ist ideal zur Beobachtung der arktischen Tierwelt. Einfliegen von Yellowknife oder Fort Smith nach Sifton Lake (Hanbury River)

oder direkt auf den Thelon. Für die rund 800 km lange Strecke auf dem Zubringer Hanbury und auf dem Thelon bis Baker Lake sollte man mindestens einen Monat (1. Juliwoche bis 3. Augustwoche) veranschlagen. Obwohl die Strecke – vor allem ab dem Zusammenfluß – relativ einfach ist, muß mit langen Wartezeiten durch Wind auf den großen Seenstrecken gerechnet werden. Vorsicht beim Einflug auf den Lynx Lake (Thelon) – Ausfluß genau auskundschaften (Stromschnellen). Ausbooten in Baker Lake, von wo die »Transair« die Kanus auch nach Winnipeg mitnimmt.
Nördlich davon ist die Befahrung des *Coppermine* eine hochinteressante Tour, mit einer letzten nördlichen Nadelwald-Oase. Per Charter ab Yellowknife gibt es verschiedene Startmöglichkeiten auf den Seen ca. 250 km nördlich der Stadt, und der Fluß wartet auf seinen 640 km mit einigen recht schweren Stromschnellen auf.
Ebenso steht es mit dem *Back River,* wo jedoch die Zeit zwischen »break up«, dem Aufbruch des Eises, und dem »freeze up«, dem Wiederzufrieren, knapp werden kann. Das ist mit ein triftiger Grund, warum diese (anstrengende!) Route so selten befahren wird – vielleicht auch, weil der Fluß im Niemandsland beginnt und ebendort endet. Es gibt keine einzige Siedlung an seinem gesamten Lauf von 960 km – der wohl einzige Strom der Welt, der dieses »Privileg« genießt. Erschwerend für eine Befahrung kommen neben der kurzen eisfreien Zeit die hohen Flugkosten für den Rücktransport nach Yellowknife hinzu. Einbooten auf Aylmer oder Sussex Lake, evtl. Ausbooten im Lake Pelly, Flußmündung im Chantrey Inlet.

Für die weiteren Strecken in den Northwest-Territories beschränken wir uns auf eine summarische Beschreibung:

Yellowknife River, 200 km, nördlich von Yellowknife relativ einfache Strecke mit Seen, Stromschnellen, einzelnen Fällen.
Snare River, 368 km, Charter ab Yellowknife, Zahm- und Wildwasser, relativ einfache Portagen, beste Zeit: Juli. Einsetzen im Jolly Lake, besser aber am Snare Hydro-Damm im unteren Drittel.
Arctic Red River, 160 km, Zahmwasser ab Dempster Highway, Oberlauf nicht bekannt.
Beaulieu River, 320 km, nordöstlich von Yellowknife, Einsetzen auf Beniah Lake (Charter). Statt Ausbooten und Charter evtl. 105 km auf dem durch viele Schären geschützten Ostarm des Great Slave Lake nach Yellowknife.
Bear River, 128 km zwischen Great Bear Lake ab Fort Franklin und Mackenzie River (Fort Norman); schnelles Zahmwasser mit einer Schnellenkette – smaragdgrünes, klares Wasser!
Blackwater River (nicht zu verwechseln mit dem Blackwater in B. C.!), 72 km plus 160 km auf dem Mackenzie bis Fort Norman, Charter ab Norman Wells, 16 km Schnellen, die aber mittels Portagen und Seen umgangen werden können.
Buffalo River, 128 km Buffalo Lake nach Great Slave Lake, Charter ab Fort Smith; leicht, keine Portagen; Genehmigungspflicht vom Superintendent Wood Buffalo National Park, Fort Smith).
Burnside River, 224 km, das kürzere Gegenstück zum Back River ab Contwoyto Lake (Charter ab Yellowknife), sehr einsame Strecke bis ins Eismeer.
Camsell River, 240 km ab Faber Lake (Charter ab Yellowknife) bis Great Bear Lake, etliche Portagen, sehr einsam.
Ferguson River, 320 km ab Ferguson Lake bis zur Hudson Bay (Charter ab Eskimo Point oder Rankin Inlet), oder 160 km ab Lake

Kaminuriak. Relativ leichtes Wildwasser, Seenstrecken.
Hare Indian River, 257 km ab Lac de Bois nicht weit vom Westende des Great Bear Lake (Charter ab Norman Wells). Nur im Juli bei gutem Wasserstand!
Hornaday River, ca. 240 km, Anflug zu kleinen Seen mit Verbindung zum Fluß ab Inuvik oder Norman Wells, Ende bei Paulatuk am Amundsen-Golf. Wildwasser für Experten, 32 km-Canyon ohne Portagemöglichkeit.
Horn River, 56 km, ist ab Fort Providence am Mackenzie auch stromauf fahrbar.
Horton River, 640 km, leicht, aber sehr einsam. Nur vier Schnellen ab Horton Lake (Charter ab Inuvik, Norman Wells oder Yellowknife) bis nach Franklin Bay (Ausfliegen per Charter ab Inuvik).
Kakisa River, 144 km ab den Lady Evelyn Falls (Kakisa Road) nach Fort Providence am Mackenzie, leicht.
Little Buffalo River, ca. 100 km ab Little Buffalo Territorial Park, leicht; 1 Portage parallel zum Great Slave River, genehmigungspflichtig durch den Superintendent des Wood Buffalo National Park, Fort Smith.
Mountain River, 256 km, Wildwasser in den Mackenzie Mountains nur für Experten! Charter ab Norman Wells.
Liard River, 400 km bis Fort Simpson via Fort Nelson River (Alaska Highway), aber auch ab Watson Lake (Alaska Highway). Diese Strecke (240 km) ist sehr wasserreich und gefährlich!
Ogilvie/Peel, 690 km ab Dempster Highway (Ogilvie-Brücke), 5 km-Portage um die Wilberforce Mountains; Ausbooten in Fort McPherson – nur für erfahrene Kanuten!
Natla/Keele, 400 km ab O'Grady Lake (Charter ab Norman Wells), Ende in Fort Norman am Mackenzie, nur für erfahrene Wildwasserfahrer.

South Redstone River, 274 km ab Little Dal Lake (Portage 8 km zum Fluß), Charter ab Norman Wells. Nur für erfahrene Wildwasserfahrer.

Taltson River, 800 km ab Coventry Lake (Charter ab Fort Smith), Ausbooten Fort Resolution am Great Slave Lake, kurze und seltene Portagen.

Tha – anne River, 224 km ab Henik Lakes (Charter ab Eskimo Point), Ausbooten Hudson Bay. Wenig Informationen vorhanden!

Thlewiaza River, 264 km ab Nueltin Lake (Charter ab Eskimo Point), Ende Hudson Bay.

Aber: was hindert den Wildnisfan, sich samt seinem Boot auf irgendeinen der hunderttausend Seen des Nordens einfliegen zu lassen, ein paar Wochen damit zu verbringen, die einmündenden Bäche, Flüsse, die Seen davor und dahinter, die Umgebung zu erkunden, zu fischen, vielleicht ein wenig für den Kochtopf zu jagen und auch wirklich an Körper und Geist zu regenerieren? Wie's gemacht wird, ein wenig seßhaft zu werden für längere Ferien, habe ich beschrieben im »Abenteuer-Almanach Kanada für Fortgeschrittene – Zwischen Ontario und Labrador«. Daß man sich mit Lizenzen fürs Angeln und evtl. Jagen für all diese Kanutouren vorher versorgt, dürfte selbstverständlich sein (siehe Adressen im Anhang). Daß man sich nicht auf den höchst unbestimmten Erfolg mit Angelrute oder Flinte verläßt, sondern genügend Lebensmittel für die gesamte Dauer des Trips, einschließlich einiger »Emergency«-Tage mit schlechtem Wetter usw., einpackt, ist eine andere Faustregel.

Knigge:

Im Umgang mit Eingeborenen: Takt, Zurückhaltung und nochmals Takt. Erwarten sollte man nicht allzuviel an Gastfreundschaft. Die Menschen sind

zwar hilfsbereit, doch sollte man diese Hilfsbereitschaft auf wirkliche Notfälle beschränken. Vorsicht mit Alkohol und anderen Drogen!
Inuit (Eskimo) sind in der Regel leichter zugänglich als Dene (Indianer), trotzdem auch hier Zurückhaltung und Bescheidenheit.

Landkarten:

Canada Map Office
610 Booth Street
Ottawa, Ontario K1A OE9
(gegen Voreinsendung einer intern. Postanweisung)
oder auf Anfrage bei:
North of 60° Books
Box 1050
Fort Smith, N.W.T. XOE OPO

Nationalparks:

Auyuittuq National Park auf Baffin Island – für schwierige Trekking-Touren in spektakulärer Landschaft, aber nur für Leute mit hervorragender körperlicher Kondition und Wildniserfahrung. Anreise über Iqaluit (früher Frobisher Bay) nach Pangnirtung, einfaches Hotel, Boots-Charter möglich.
Auskunft beim Superintendent,
Auyuittuq National Park
Pangnirtung, N.W.T. XOA ORO
Nahanni National Park kann über den Liard Highway erreicht werden. Von Fort Liard oder Fort Simpson sind Charterflüge zu Kanutouren (oder eintägige Rundflüge über die berühmten Canyons und die Virginia-Fälle) zu buchen. Eine Kanu- oder Rafttour den South Nahanni hinab ist sicher eins der großartigsten Erlebnisse, die ganz Kanada zu bieten hat.
Auskunft beim Superintendent,
Nahanni National Park
Fort Simpson, N.W.T. XOE ONO
Wood Buffalo National Park ist ein Paradies für ca. 6 000 Waldbisons, über 200

Vogelarten und den fast ausgerotteten Schreikranich, die alle hier ihre Brutplätze haben. Erreichbar ist der Park – mit 44.000 km^2 einer der größten der Welt – nur auf einer Stichstraße; ab Fort Smith bieten Veranstalter Touren per Kanu und zur Tierbeobachtung an.
Auskunft beim Superintendent,
Wood Buffalo National Park
Box 750
Fort Smith, N.W.T. XOE OPO

Package-Tours:

sind für viele die einzige, wenn auch teure Möglichkeit, die N.W.T. zu erleben. Es werden unter anderem angeboten:

- Segeln auf dem Great Slave Lake,
- Kajak-Törns zwischen Eisbergen vor Baffin Island,
- Snowmobile-Fahrten auf der Boothia Peninsula,
- Kanu-Touren auf dem Nahanni River,
- Wandern im Auyuttiuq National Park oder in den Mackenzie Mountains,
- Floßfahrten durch die Slave River Rapids,
- Cross Country Ski auf Baffin Island,
- Hundeschlittentouren über den Great Slave Lake (im Winter).

Info:
Subarctic Wilderness Adventures Ltd.
Jacques van Pelt
Box 685
Fort Smith, N.W.T. XOE OPO

Temperaturen:

Die höchsten Temperaturen betragen +35°C, die niedrigsten -57°C (PellyBay), Juli-Durchschnitt in Yellowknife ist +12°C.

Unterkunft:

ist nicht immer unproblematisch, vor allem in der Hauptreisezeit. Hotel/Motel-Komfort gibt es nur in den größeren Zentren wie

Yellowknife, Hay River, Inuvik etc. Sonst sind die Unterkünfte oft recht spartanisch und recht teuer, weil auch die Verpflegung mitgebucht werden muß. Preise von can $ 100 bis 200.– pro Tag sind nicht ungewöhnlich.

Bibliographie:

Die Northwest-Territories werden in deutschsprachigen Reiseführern meist recht kurz behandelt, z.B. in *»Zwischen Rockies und Arktis«,* Roland Kiemle, LN-Verlag, Lübeck; in verschiedenen Handbüchern des Verlags Conrad Stein, Kiel, und ausführlicher im englisch-, bzw. französischsprachigen *»Michelin«* über Gesamt-Kanada.
Auskünfte über Kanutouren gibt der *»Kanu-Atlas«* von Ferdi Wenger, Verlag Diekmann/Thieme; Auskünfte über Kanutouren, Wandern, Fischen usw. der *»Kanada-Almanach für Fortgeschrittene II –* Von der Hudson Bay zum Pazifik« von Elmar Engel. Nur noch erhältlich in Ausrüster-Shops und bei Book Concepts, Bonner Str. 87, 5000 Köln 1.
Reiseberichte, historisch und aktuell:
»South Nahanni«, Arved Fuchs, Verlag Orac Pietsch
»Northern Vagabond«, Alex Inglis, (N.W.T. Reisen des Entdeckers Tyrrell), McClelland and Stewart
»Cold Summerwind«, Clayton Klein, (Flüsse Kazan, Elk, Thelon, Back) bei Wilderness House Books, Fowlerville, Michigan 48836 USA
»Schnee«, Farley Mowat, Müller Rüschlikon
»Ein Sommer mit Wölfen«, Farley Mowat, Ravensburger Taschenbücher
»Top of the World Trilogy«, Farley Mowat (Hsg.)
»People of the Deer«, Farley Mowat (beide McClelland und Stewart)
»Die Entdeckung der Langsamkeit«, Sten Nadolny (Biographie von Sir John Franklin), Piper

»Company of Adventurers«, Peter C. Newman (Geschichte der Hudson's Bay Company, Penguin
»Der eisige Schlaf«, Owen Beattie, John Geiger (Das Schicksal der Franklin-Expedition), VGS-Verlagsges. Köln
»Dangerous River«, R. M. Patterson, Vlg. Gray
»Arctic Adventure«, John McKay (Kazan River)
»Expedition«, David F. Pelly (Back River)
beide Betelgeuse Books P.O.Box 1334, Station B Weston, Ontario M9L 2W9

»Durch die weiße Hölle« –
Elf Hunde und ein Mann gegen den kanadischen Norden, François Varigas
Busse Seewald, Herford

Bücher über John Hornby:
»The Legend of John Hornby«, George Whalley
»Death in the Barren Ground«, Edgar Christian George Whalley (Hsg.)
beide Oberon Press

Historische Reiseberichte von und über Samuel Hearne sowie Warburton Pike (Jahrhundertwende) sind nur noch in Antiquariaten, dort aber recht häufig zu finden.

Alle Bildbände und Sachbücher über das Riesengebiet Northwest-Territories und seine Bewohner aufzuführen, ist unmöglich. Eine hervorragende Liste und zuverlässigen Buchversand bietet:
Outcrop Ltd. – The Northern Publishers
Box 1114
Yellowknife, N.W.T. X1A 2N1

Einer der sicher schönsten Bände der letzten Jahre ist mit Fotos und Interviews von alten Slavey-Indianern in Fort Providence entstanden. *»Nahecho Keh«* – *»Our Elders«* (ca. can $ 40,–) erhältlich bei
Snowshoe Inn, Fort Providence, N.W.T.
XOE OLO

Canada Journal
Das deutschsprachige, zweimonatlich erscheinende Magazin über Kanadas Politik, Wirtschaft, Kultur, Tourismus:
427 Mount Pleasant Road
Toronto, Ontario M4S 2L8